Neujahrsblätter

Herausgegeben von der
Gesellschaft für fränkische Geschichte

XIII.

Julius Echter von Mespelbrunn
Fürstbischof von Würzburg und Herzog von Ostfranken
(1573—1617)

Von

Theodor Henner

München und Leipzig
Verlag von Duncker & Humblot
1918

By

Bildnis des Fürstbischofs Julius Echter von Würzburg
aus dem Jahre 1586.

Julius Echter von Mespelbrunn

Fürstbischof von Würzburg
und Herzog von Ostfranken
(1573—1617)

Von

Theodor Henner

München und Leipzig
Verlag von Duncker & Humblot
1918

By

Alle Rechte vorbehalten.

Altenburg,
Pierersche Hofbuchdruckerei
Stephan Geibel & Co.

Vorwort.

Die Erinnerung daran, daß im Jahre 1917 drei Jahrhunderte seit dem Tode des Würzburger Fürstbischofs Julius Echter von Mespelbrunn verflossen waren, hat nicht verfehlt, in weiten Kreisen der fränkischen Lande die Aufmerksamkeit auf diesen Namen zurückzulenken. Trotzdem die gewaltige Gegenwart augenblicklich das Sinnen und Empfinden fast ausschließlich fesselt und beherrscht, ist doch jenes Säkulargedächtnis durchaus nicht spurlos vorübergegangen. Das Gefühl von einer das gewöhnliche Maß weit überragenden Bedeutung kam bei dem wiedererweckten Andenken an jene Fürstengestalt unwillkürlich zum Durchbruch.

Auch unsere Gesellschaft für fränkische Geschichte wollte nicht achtlos eine solche Erinnerungsfeier vorübergehen lassen. Eines ihrer Neujahrsblätter sollte dem Gedächtnis Julius Echters gewidmet sein. Daraus ergibt sich aber auch schon der Charakter und die Aufgabe dieser Schrift. Kein ihren Gegenstand erschöpfendes Werk kann und soll sie bieten; bei einem solchen Vorhaben müßte der bei diesen Neujahrsblättern übliche Umfang weit überschritten werden. Aber auch abgesehen von solchen Rücksichten darf wohl gesagt werden, daß die Zeit noch nicht gekommen ist, an die Lösung gerade dieser Aufgabe in einem weiteren Umfange heranzutreten. Der Grund hierfür ist einmal darin zu suchen, daß wichtige Quellenpublikationen für diesen Zeitraum, wie die Nuntiaturberichte, noch nicht zum Abschluß gekommen sind, dann aber vor allem in dem Umstande, daß der Quellenbereich, aus dem an erster Stelle die volle Bedeutung Julius Echters als eines der Hauptführer der katholischen Restaurationsbewegung, wie als eines zielbewußten energischen Territorialfürsten nachgewiesen werden muß, die Gemeindearchive, noch keineswegs in der hierfür notwendigen Weise erschlossen sind. Erst nach Abschluß der von der staatlichen Archivverwaltung begonnenen Inventarisation dieser Archive wird man in der Lage sein, mit der Aussicht auf entsprechenden Erfolg eine solche Arbeit in Angriff zu nehmen.

An mancherlei beachtenswerten Anläufen hierzu hat es allerdings seither nicht gefehlt. Schon zeitgenössische Federn hatten sich, angeregt durch die ungewöhnliche Erscheinung, ermuntert gefühlt, ein Bild dieses Lebenslaufes, allerdings mit unverkennbar apologetischer Tendenz, den kommenden Geschlechtern zu übermitteln; so in der wahrscheinlich von einem seiner nächsten Anverwandten herrührenden Aufzeichnung „Leben und Regierung Bischoffen Julii"[1]), und in den von dem Würzburger Professor Christoph Marianus verfaßten „Encaenia et Tricennalia Julii". Im achtzehnten Jahrhundert hatte sodann der gelehrte Bibliothekar des Benediktinerklosters St. Stephan zu Würzburg, P. Ignaz Gropp, in seiner bekannten Quellensammlung „Collectio novissima scriptorum et rerum Wirceburgensium" wie für die hochstiftische Geschichte überhaupt, so auch für die Geschichte dieser Regierung wertvolle Bausteine zusammengetragen, so unter anderem die beiden ebengenannten Aufzeichnungen, während der Würzburger Geschichtsprofessor Thomas Grebner in seinem 1757—1764 erschienenen „Compendium historiae universalis" in den die fränkische Geschichte behandelnden Abschnitten dieses Werkes, und gegen Ende des Jahrhunderts P. Ämilian Ussermann in seiner bekannten Bistumsbeschreibung „Episcopatus Wirceburgensis" Überblicke über die Regierungsgeschichte Julius Echters zu geben suchten. Eine umfassendere monographische Bearbeitung brachte das neunzehnte Jahrhundert zutage in dem 1843 erschienenen Buche des früheren Würzburger Archivars Dr. J. N. Buchinger, „Julius Echter von Mespelbrunn, Bischof von Würzburg und Herzog von Franken", eine für ihre Zeit verdienstvolle, brauchbare Arbeit. Einen erneuten Anlauf zu einer tiefgründigeren Erfassung des Gegenstandes in schärferer plastischer Gestaltung bedeuteten vier Jahrzehnte später die betreffenden Partien in der zu ihrer dritten Jahrhundertfeier erschienenen „Geschichte der Universität Würzburg" von Dr. Franz X. von Wegele. 2 Bde. Würzburg 1882, indem im fünften Kapitel des ersten Bandes „Die Neugründung der Universität und Fürstbischof Julius Echter von Mespelbrunn" nicht nur das Ver-

---

[1]) Den jüngsten, von Julius mehrfach zu diplomatischen Sendungen verwendeten Bruder Dietrich Echter wollte man für den Verfasser ansehen. Siehe Briefe und Akten zur Geschichte des Dreißigjährigen Krieges in den Zeiten des vorwiegenden Einflusses der Wittelsbacher, Bd. IV, S. 15.

hältnis von Julius zu dieser seiner Schöpfung behandelt, sondern auch ein Gesamtbild seiner Person und seines Wirkens geboten wird, wie auch für den kurz vorher erschienenen vierzehnten Band der „Allgemeinen Deutschen Biographie" der nämliche Verfasser den betreffenden Artikel geschrieben hat.

Nicht unerwähnt möge in dieser Übersicht, die aber durchaus nicht den Anspruch eines vollständigen Literaturverzeichnisses erheben will, bleiben, was Dr. Fr. Stein in dem 1886 erschienenen zweiten Bande seiner „Geschichte Frankens" darüber ausführte, und weiterhin die mehr oder weniger eingehende Berücksichtigung Julius Echters fast in allen größeren Werken, die sich in mehr allgemeiner Weise mit dieser Zeit befassen, wie bei Ranke, Janssen, Ritter, Stieve, Duhr usw. Daß sodann früher, wie auch gerade wieder in neuerer Zeit in Einzelschriften, so in der Würzburger Dissertation von Dr. Fr. Hefele, Der Würzburger Fürstbischof Julius Echter von Mespelbrunn und die Liga. Würzburg 1912, wie auch in zahlreichen Abhandlungen in Zeitschriften diese und jene einschlägigen Fragen behandelt wurden, möge hier ganz im allgemeinen bemerkt sein.

Daß durch die Säkularfeier des Jahres 1917 weitere Beiträge hinzukamen, lag in der Natur der Sache. Vor allem sei jener Sammelband hervorgehoben, der als eine gewissermaßen offizielle Festschrift des Domstiftes von Dompropst und Generalvikar Dr. Heßdörfer herausgegeben wurde: „Julius Echter von Mespelbrunn, Fürstbischof von Würzburg und Herzog von Franken (1573—1617)", worin in einer Reihe einzelner Abhandlungen von verschiedenen Verfassern das Leben und Wirken von Julius nach verschiedenen Seiten hin beleuchtet wird.

Ohne den Wert dieser ganzen Summe älterer und neuerer Forscherarbeit irgendwie unterschätzen zu wollen, darf aber, wie oben schon bemerkt wurde, ein wirklich erschöpfendes Bild doch erst nach Erschließung noch weiteren Quellenmaterials erwartet werden. Darum kann auch die Aufgabe der folgenden Blätter, abgesehen von einzelnen neuen Forschungsergebnissen, die auch hier beansprucht werden dürfen, doch nur darin bestehen, näher zu kennzeichnen, in welchem Sinne der Erscheinung eines Julius Echter wirklich eine epochemachende säkulare Bedeutung beizumessen ist.

Inhalt.

		Seite
I.	Zustände in Würzburg vor Fürstbischof Julius	9
II.	Julius Echters Familie. Sein Eintritt ins Domkapitel und die Wahl zum Bischof.	12
III.	Territorialverwaltung	23
IV.	Kirchliche Restauration	33
V.	Kampf um das Stift Fulda	52
VI.	Juliushospital und Universität	59
VII.	Äußere Politik	73
VIII.	Beziehungen zur Kunst	79
IX.	Persönliches	85
Anhang.	Die Ganzhornsche Chronik und ihre Nachrichten über die Regierung des Fürstbischofs Julius Echter	90
	A. Bischoff Julius zu Wyrtzburgk wurdt Administrator des St. Fulda Anno 1576	92
	B. Zu Wyr[z]burgk wurdt ein neue vniuersitet offgericht. Anno 1582	94

I.
Zustände in Würzburg vor Fürstbischof Julius.

In dem so vielgestaltigen Organismus des alten deutschen Reiches bilden eine ganz besondere Eigenart die geistlichen Fürstentümer; nicht zum zweitenmal findet man sie anderwärts in dieser Weise wieder. Sie hängen eng zusammen mit dem Wesen des alten Reiches. Häufig bedrängt und bedroht von den oft übermächtig werdenden weltlichen Großen, hatte das Königtum bei der Prälatenschaft Anlehnung gesucht und gefunden. Man machte sich die in diesen Kreisen vertretene höhere Bildung gern dienstbar, und mit Absicht wurden darum die Bischöfe weitgehend mit weltlicher Macht ausgerüstet. Darin lag in ihrem letzten Grunde die Genesis des geistlichen Fürstentums. Und während in anderen Ländern die politische Macht, wie sie auch da zeitweilig die geistliche Aristokratie gewonnen hatte, nachher wieder an andere Gewalten überging, haben sich in Deutschland diese eigenartigen Zustände nur noch mehr befestigt. Sie wurden zu einer festen dauernden Einrichtung im Organismus des Reiches, so zwar, daß sogar die später eingetretene Kirchenspaltung in einzelnen Fällen sie auch im protestantischen Reichsteil hat fortbestehen lassen, und erst mit des alten Reiches Ende sollte auch für diese ganze Einrichtung die letzte Stunde schlagen. Aus dem Geiste dieses merkwürdigen staatlichen Organismus heraus waren sie entstanden und haben ihren eigenen Entwicklungsgang durchgemacht; eine historische Berechtigung wird man ihnen darum nicht absprechen können. Und da in dem geschichtlichen Leben unserer fränkischen Lande, wo die mannigfachsten politischen Gebilde, wie einmal zutreffend gesagt wurde, wie in einem Mikrokosmus sich zusammendrängten, das geistliche Fürstentum eine so bedeutende Rolle spielte, so darf gerade hier diese Erscheinung eine besondere Aufmerksamkeit beanspruchen.

Daß bei einer so engen unmittelbaren Verbindung von geistlicher und weltlicher Herrschaft nicht geringe Gefahren drohen konnten, besonders in der Richtung auf eine starke Verweltlichung, ist gewiß nicht zu leugnen. Darum lag es auch in der Natur der Sache, daß der gewaltige Sturm der Reformation gerade für diese geistlichen Staaten eine schwere Existenzprobe zu bedeuten hatte; nicht wenige von ihnen sind damals spurlos verschwunden. Für jene aber, die diese Katastrophe überdauerten, besonders unter den Einwirkungen der sogenannten Gegenreformation, galt es nun um so mehr, die ganze innere Kraft zu sammeln und damit eine Berechtigung zu fernerem Dasein, zu einer entsprechenden weiteren Durchführung ihrer Doppelaufgabe zu erweisen, und es ist wohl kaum zu viel gesagt, daß die Lösung dieses gewiß nicht leichten Problems kaum in einem zweiten Falle in einer so wohldurchdachten, energischen und erfolgreichen Weise zur Durchführung gekommen ist, wie gerade in dem Hochstifte Würzburg durch den Fürstbischof Julius Echter v. Mespelbrunn.

Ein ins Große gehender Zug, eine im besten Sinne des Wortes systematische Behandlung der Regentenaufgaben hat bei diesem Fürsten das kennzeichnende Merkmal gebildet. Und nicht nur mit den aus den Folgen der Kirchenspaltung erwachsenen Schwierigkeiten hatte er den Kampf aufzunehmen, auch Hemmnisse anderer Art, in den weiter zurückliegenden Geschicken seiner Lande begründet, galt es zu überwinden, so daß gerade auch in der gesamten Territorialverwaltung sein Wirken durchaus den Charakter einer großzügigen Restauration aufzuweisen hat, nicht unähnlich der umfassenden schweren Aufgabe, wie sie sein großer Zeitgenosse Maximilian der Erste von Bayern in seinen Landen durchzuführen hatte. Ein kurzer Rückblick in die Vergangenheit des Würzburger Hochstifts mag jener neugestaltenden Arbeit Julius Echters zur besseren Beleuchtung dienen.

Mit zielbewußtem scharfem Blick und unermüdlicher Energie hatte gegen Mitte des dreizehnten Jahrhunderts Bischof Hermann von Lobdeburg den Territorialstaat der Würzburger Kirche recht eigentlich vollendet. Aber die darauffolgenden Zeiten bis zum Ausgang des Mittelalters brachten nicht etwa ein ungestörtes Weiterbauen auf dieser festen Grundlage mit sich. Innere stiftische Wirren verschiedener Art, zwiespältige Wahlen und vor allem die immer wieder sich erneuernden erbitterten Kämpfe der nach Reichsfreiheit ringenden Bischofstadt mit dem fürstlichen Stadtherrn ermöglichten keine dauerhafte sichere Ord=

nung. Wohl begann das fünfzehnte Jahrhundert hoffnungsvoll mit dem hochstrebenden Johann von Egloffstein, dessen Sinnesart am besten die erstmalige Gründung einer Hochschule in Würzburg bekundet. Aber schon die unmittelbar folgende lange unselige Regierung des nicht unbegabten, aber halt= und charakterlosen Johann von Brunn führte an den Rand völligen Verderbens, und erst der mit dem Geschick eines verständigen Arztes an diese Schäden herantretende tüchtige Rudolf von Scheerenberg hatte dann noch einen verhältnismäßig günstigen Abschluß dieses Jahrhunderts möglich gemacht. Aber nur mit um so tiefergehenden Bewegungen religiöser und sozialpolitischer Natur hob schon in seinen ersten Jahrzehnten das folgende sechzehnte Jahrhundert an. Auch hier krankte das Kirchenwesen an schmerzlichen Wunden, und obwohl keiner der Fürstbischöfe der folgenden Zeit ernstlich zu den kirchlichen Neuerungen hinneigte, so haben diese doch allmählich auch in dem geistlichen Machtbereich von Würzburg in den höheren wie in den niederen Kreisen der Bevölkerung, besonders auch beim Adel, vielfach Eingang und Verbreitung gefunden. Vor allem aber jene das deutsche Volk in seinen tiefsten Tiefen erfassende revo= lutionäre Bewegung des Bauernkrieges hat in gewissem Sinne gerade hier in den Kämpfen um die von der aufständischen Sturmflut wild umtoste Würzburger Bergfeste ihren Höhepunkt erreicht. Aber auch der Zustand zeitweiliger Ruhe nach Überwindung dieser ungeheuren Gefahr war dann im Zusammenhang mit den großen allgemeinen Bewegungen jener Zeit wieder nicht von einer längeren Dauer. Bald nach Mitte des Jahrhunderts wurde der fränkische Reichskreis durch die Anzettelungen eines seiner eigenen Stände, des wilden unbändigen Markgrafen Albrecht Alcibiades, längere Zeit aufs schwerste beunruhigt und geschädigt, während gleichzeitig für Würzburg die mit dem Namen des bekannten Ritters Wilhelm von Grumbach verbundenen Händel zu den unheilvollsten Begebenheiten in seiner Geschichte zählen. Der fränkischen Reichsritterschaft zugehörend, aber zugleich Lehnsmann des Hochstiftes, hatte sich Grumbach während eines langen Zeitraumes auf alle erdenkliche Weise bemüht, die letztere Seite dieses Doppel= verhältnisses möglichst gegenstandslos werden zu lassen, ein Streben, in dem er sich durch eine mehrfach schwankende Haltung der hoch= stiftischen Politik nur bestärkt fühlen mochte. Fürstbischof Melchior von Zobel ist bei einem Versuch, sich seiner Person, offenbar zum Zweck von Erpressungen, zu bemächtigen, das tragische Opfer dieser

Händel geworden, die dann ihren peinlichen Höhepunkt unter der Regierung des Nachfolgers Friedrich von Wirsberg erreichen sollten. Der am 4. Oktober 1563 mit nur allzu gutem Erfolg unternommene Überfall der Bischofstadt und die dabei erzwungenen Vertragsbedingungen werfen ein grelles Schlaglicht auf die damals vorherrschende Zerrüttung und Ohnmacht in den öffentlichen Verhältnissen.

Die Regierung dieses Fürstbischofs Friedrich von Wirsberg, des unmittelbaren Vorgängers von Julius Echter, muß überhaupt als ein wenig glücklicher Zeitraum in der Geschichte des Hochstifts bezeichnet werden. Wohl hat er in der Verwaltung seines geistlichen Amtes großen Eifer an den Tag gelegt, das würzburgische Kirchenwesen im Geiste des eben zum Abschluß gekommenen Konzils von Trient neu zu ordnen und zu beleben, womit unter anderem auch die Gründung einer Partikularschule, eines Gymnasiums höheren Stiles, sowie die Berufung der Jesuiten in Zusammenhang stand. An argen Gebrechen krankte dagegen seine Territorialverwaltung, so daß die von den vorhin angedeuteten politischen Katastrophen her schwer zerrütteten Finanzen nur in noch größere Verwirrung kamen. Wiederholt sah sich deshalb das Domkapitel veranlaßt, hier einzugreifen und die Verwaltung förmlich unter seine Vormundschaft zu nehmen, ohne daß aber bei einer beständig widerstrebenden Haltung von der anderen Seite eine wirkliche Besserung damit hätte erzielt werden können. Eben diese durchaus verfahrenen Verhältnisse, wie sie der Nachfolger Julius Echter hat übernehmen müssen, bilden den dunklen Hintergrund, auf dem dann seine eigene staatsmännische Kraft und Kunst nur um so heller in die Erscheinung treten sollte.

II.
Julius Echters Familie. Sein Eintritt ins Domkapitel und die Wahl zum Bischof.

Daß die bei den geschilderten Verhältnissen so schwierige Nachfolge auf Julius Echter fiel, war insofern eigenartig, als er in keiner Weise dem Kreis jener Familien entstammte, die man schon länger als im Würzburger Domstift einheimisch betrachten konnte. Die Anfänge seines Geschlechts[1]), die sich bis ins dreizehnte Jahrhundert zurück-

---
[1]) Vergleiche hierzu A. Kittel, Beiträge zur Geschichte der Freiherren Echter von Mespelbrunn. Würzburg 1882.

verfolgen lassen, führen nach dem Odenwald; dort sind sie als ritterliche Dienstleute der mächtigen Schenken von Erbach zu finden. Seit dem vierzehnten Jahrhundert walteten sie aber als kurmainzische Förster im Waldgebiete des Spessart, und hier hatte 1412 Hamann Echter, mainzischer Rat und Vizedom zu Aschaffenburg, von Erzbischof Johann die „Wüste und Hofstatt, genannt der Espelborn" zu eigen erhalten. An dieser Stelle erhob sich nicht lange darauf das bekannte, von echt deutscher Waldromantik umwobene Schloß Mespelbrunn als neuer Stammsitz der Familie, und in seinen Mauern wurde „anno 1545 uff Sant Anshelmitag den achtzehenden Martii", wie es in einer alten Familienaufzeichnung lautet, Julius Echter als zweiter Sohn des kurmainzischen Geheimen Rates und Oberamtmanns Peter Echter und seiner Gemahlin Gertraud von Adelsheim geboren. Man könnte sich wohl versucht fühlen, aus dem eigenartig fesselnden Bilde der mütterlichen Erde die Züge ihres großen Sohnes herauszulesen: frisch und stark wie die Buchen dieses Waldes seine unerschütterliche Willenskraft, durchsichtig bis in die Tiefe wie das Wasser des kleinen, das Schloß umrahmenden Sees der klare, seine Zeit erkennende und durchdringende Geist.

In der ersten Hälfte des fünfzehnten Jahrhunderts soll der 1442 als Domdechant von Mainz verstorbene Peter Echter auch dem Würzburger Domstift angehört haben. Abgesehen von dieser vereinzelten Erscheinung ist Julius der erste Echter gewesen, der Aufnahme in dieser geistlichen Körperschaft fand. Damit hatte die Familie festen Fuß in Würzburg gefaßt. Ob ihm das durch irgendwelche persönliche Beziehungen gelungen ist, oder ob sein Vater Peter Echter lediglich „auß sonderer Nanung zw dem Stifft Würtzburgkh" darum sich bemühte, wie in den betreffenden Verhandlungen geäußert wird, muß dahingestellt bleiben. Nicht ohne Überwindung gewisser Schwierigkeiten war beim Vorhandensein einer anderweitigen Bewerbung seine Zulassung als Domizellar am 29. November 1554 gelungen [1]), nachdem er wenige Wochen zuvor ein Kanonikat am Kollegiatstifte St. Peter und Alexander zu Aschaffenburg erlangt hatte. In dem noch sehr jugendlichen Alter von neun Jahren stand er damals, und es galt zunächst für ihn, seine geistige Ausbildung in entsprechender Weise zu

---

[1]) Vergleiche hierüber die eingehenden Ausführungen von Dr. A. Amrhein, „Julius Echter als Domherr" in der „Festschrift" S. 2 ff.

betätigen. Mit großer Fürsorge war allem Anschein nach von seiten des Vaters dieser Teil der Erziehung überwacht worden. Im Elternhause hatte man den tüchtigen Philologen M. Georg Amerbach, den Sohn eines angesehenen Ingolstädter Professors, als Lehrer beigezogen; offenbar in dankbarer Erinnerung daran hat ihm später der fürstliche Zögling die Pfarrei Volkach verliehen. In die Zeit von 1558 bis 1569 fallen sodann die akademischen Jahre[1]), über deren verschiedene Stadien die dem Domkapitel einzusendenden Bescheinigungen die entsprechenden Aufschlüsse geben. Diese auswärtigen Studien begannen am Gymnasium der Jesuiten in Köln, dann wurde Mainz aufgesucht und nachher nochmals Köln, ferner Löwen, wo vor allem das zur Aufnahme ins Domkapitel erforderliche Biennium im kanonischen und weltlichen Recht durchzumachen war; weiterhin Douai, Paris und Angers. Seine Vollendung empfing der Studiengang, an dem sich auch Julius' jüngerer, sehr begabter Bruder Sebastian beteiligte, im Süden, in Pavia und in Rom. Dort empfing Julius den Grad eines Lizentiaten in decretis. Pius der Fünfte war damals der Lenker der Kirche, und der gerade unter ihm recht eigentlich zur Herrschaft gekommene Geist des durch das Trienter Konzil neubelebten Katholizismus ist sicher nicht ohne tiefe und nachhaltige Einwirkung bei Julius geblieben, wie ja auch schon bei der Auswahl der Studienorte und dem ganzen Studiengang nahe verwandte Gesichtspunkte ausschlaggebend waren.

Damit war die Zeit der Jugend und der Vorbereitung für das kommende Leben beendet. L. v. Ranke hat einmal geäußert[2]): „Die Eindrücke, welche die jugendliche Seele empfängt, wirken auf das ganze folgende Leben ein. Und nicht von dem Zufall werden sie hervorgebracht. Die Ereignisse der Zeit, die Traditionen der Familie, der Ehrgeiz der Altvorderen, ein geheimes Gefühl der eigenen Kraft erfüllen die Seele mit Entwürfen, Erwartungen und Phantasieen und geben ihr eine Richtung, die das ganze Leben durchzieht." Es ist in der Tat der Geist dieser Sätze, in dem sich nachher Julius Echters Leben und Wirken vollzogen hat. Das Elternhaus mit seinen tiefen, nachhaltigen Eindrücken und andererseits die bewegte Zeit, deren Einflüsse draußen gelegentlich seiner Studien in verschiedenen Landen auf

---

[1]) Dr. Amrhein, a. a. O. — Dr. S. Merkle, Festrede zur akademischen Gedenkfeier für Julius Echter. Würzburg 1917, S. 29 f.

[2]) In seinen „Zwölf Büchern preußischer Geschichte". S. W. Bd. XXV, S. 221.

ihn einwirkten, haben ihn erzogen, gleichwie er dann wieder auf seine Mitwelt in einem nicht gewöhnlichen Grade verstanden hat einzuwirken.

Nach Würzburg zurückgekehrt, erhielt Julius am 10. November 1569 die Eigenschaft als wirklicher Kapitular, und zwar, was Erwähnung verdient, als der erste, der die confessio fidei nach den Bestimmungen des Konzils von Trient ablegte. Das Emporsteigen des jungen Kanonikers auf der nun einmal betretenen Stufenleiter war, wie man wohl sagen darf, ungewöhnlich rasch und glänzend. Wenn sein Vater einst bei der Bitte um die Aufnahme des Sohnes ins Kapitel bescheiden geäußert hatte, „er verhoffe auch, daß sein Sone sich also anzeigen vnd angewießen werden sollten, daß meine Herren an ime wol zufriden sein sollten", so kann gesagt werden, daß wohl selten eine solche Erwartung in solchem Grade in Erfüllung gegangen ist wie hier, nur allerdings so, daß der junge Kapitular schon in Kürze zum Herrn und Meister der anderen werden sollte.

Nur eine ganz kurze Zeit dauerte seine Zugehörigkeit zum Kapitel in der Eigenschaft eines einfachen Kanonikers. Durch Resignation des seitherigen Domscholasters Egenolph von Knöringen, des nachherigen Fürstbischofs von Augsburg, wurde er auf dessen Veranlassung zum Nachfolger in dieser Würde bestellt, ein Vorgang, der wohl auch eines gewissen tieferen Grundes nicht entbehrte; galt doch Egenolph von Knöringen als eines von den Elementen im Domkapitel, die eine strengere kirchliche Richtung vertraten. Zugleich aber wurde Julius auch als Rat zur fürstbischöflichen Regierungskanzlei abgeordnet. Aber damit nicht genug — ziemlich gleichzeitig hatte auch der hochangesehene Domdekan Erasmus Neustetter auf seine Würde resigniert, und da mußte es gewiß als ein ganz überraschender Beweis des Vertrauens gelten, daß man Julius Echter, dem jüngsten Mitglied des Kapitels, zunächst vertretungsweise die Aufsicht über den Chor übertrug und ihn dann auch als Dekan an die Spitze des Kapitels setzte. Wohl hatte man zuerst Egenolph von Knöringen dazu erwählt, aber da dieser von vornherein auf Übernahme dieser Würde verzichtet hatte, so fiel auf Präsentation des Fürstbischofs Friedrich hin nun die einhellige Wahl auf Julius. Wenn man dabei bedenkt, wie in dem Aufgabenkreis dieses Dignitärs vor allem die geistliche Disziplin über den gesamten Stiftsklerus lag, so wird man gerade bei den damaligen Zeitverhältnissen gewiß mehr als eine bloß zufällige Fügung darin erblicken müssen. Wenn sich andererseits in dieser Kandidatur der Fürst=

bischof und das Domkapitel, die doch sonst häufig in einem so gespannten Verhältnis zueinander standen, einmütig zusammenfanden, so will diese Harmonie wohl von verschiedenen Gesichtspunkten aus verstanden und erklärt sein. Der in den großen kirchlichen Zeitfragen einen so streng konservativen Standpunkt vertretende und zu aktivem Vorgehen hinneigende Fürstbischof mochte wohl schon zeitig in dem jungen Kapitular eine ganz besonders geeigenschaftete Kraft für die eigenen Pläne und Anschauungen erkannt und begrüßt haben. Beim Domkapitel dagegen hatte jedenfalls die frühzeitig zutage tretende ungewöhnliche Befähigung und Tatkraft des jugendlichen Kollegen eine unwillkürliche Aufmerksamkeit und Hochschätzung verursacht, wie nicht minder auch eine gewisse, durch den jahrelangen Aufenthalt in verschiedener Herren Länder erworbene weltmännische Gewandtheit. Da mochte man innerhalb dieses Kreises wohl der Hoffnung leben, daß gegenüber diesen und jenen Äußerungen von Übereifer wie auch bei dem mitunter etwas mangelnden richtigen Taktgefühl bei Fürstbischof Friedrich das gewandte Wesen des hochgebildeten Domdekans mildernd und korrigierend zur Geltung kommen werde, während man im Hinblick auf die vielen scharfen Streitigkeiten in den Fragen der Territorialverwaltung von Julius Echters frischer Tatkraft wohl mehr eine Bundesgenossenschaft erwarten durfte. Allem Anschein nach war dann in der Tat die von Julius in dieser neuen Würde vertretene Politik vielfach mildernd und zwischen den Gegensätzen vermittelnd, obschon er gelegentlich nicht unterließ, gegenüber dem Fürstbischof auch bestimmtere Töne anzuschlagen. Einen unverkennbaren Vorteil hatte er sich von vornherein gesichert, indem er, da bei dieser Dignität gerade damals allerlei erschwerende Umstände obwalteten, seine Annahme von verschiedenen Bedingungen abhängig gemacht und zuerst nur für eine gewisse beschränkte Zeitdauer sich dazu bereit erklärt hatte. Daß man darauf eingegangen war, konnte seine ganze Stellung nur festigen.

Nicht unerwähnt soll bleiben, daß Julius, abgesehen von einer Pfründe im Bamberger Domstift, auch schon frühzeitig eine solche in Mainz erlangt hatte. Das entsprach ja ohnedies den alten Traditionen seiner Familie, und eine Zeitlang mochte es wohl mehr den Anschein haben, als ob seine künftige Laufbahn dort in dem rheinischen Erzstift ihr hauptsächliches Ziel finden sollte. Eben bei Gelegenheit der Verhandlungen wegen des Würzburger Domdekanats geschah eines Vorhabens von seiten des Mainzer Erzbischofs Erwähnung, Julius

Echter eine sogenannte „Reitpfründe" zu verleihen, also eine Stellung, mit welcher Sendungen im diplomatischen Dienst und Arbeiten in der weltlichen Verwaltung verbunden zu sein pflegten, Aufgaben, mit denen man gern jüngere Kanoniker betraute. Mit derartigen Plänen mochte auch wohl in Zusammenhang stehen, daß Julius trotz seiner Stellung als Domdekan die Priesterweihe noch nicht empfangen hatte und deren Erteilung sich dann noch weiter hinausschob, da bei vorwiegender Beschäftigung mit solchen weltlichen Aufgaben die Priestereigenschaft wohl mehr als eine gewisse Erschwerung und Behinderung angesehen werden mochte[1]). Aber nach nicht allzulanger Zeit sollte das alles eine ganz andere Wendung nehmen. Am Abend des 10. November 1573[2]) schied Fürstbischof Friedrich aus dem Leben. Damit war die Bahn für die kommende große Aufgabe Julius Echters frei geworden. Es ist der entscheidende Wendepunkt seines Lebens.

Bei dem schon vorgerückteren Alter des Fürstbischofs Friedrich und seinem sehr leidenden Zustand hatte man an den Stellen, welche für die seit dem Konzil von Trient neu erweckte katholische Restaurationsbewegung besonders in Betracht kamen, die Möglichkeit eines baldigen Wechsels auf dem Würzburger Stuhle schon seit einiger Zeit lebhaft ins Auge gefaßt. Nach verschiedenen Seiten hin hatte sich Papst Gregor der Dreizehnte mit eindringlichen Mahnungen für einen solchen Fall gewendet, so an den kurz zuvor auf den Augsburger Stuhl erhobenen Egenolph von Knöringen, der ja noch im Besitze seines Würzburger Kanonikats geblieben war, dann vor allem an den Nuntius Kaspar Gropper, der sich in diesem Falle sofort nach Würzburg begeben und ein päpstliches Schreiben überbringen sollte mit der Ermahnung zur Wahl einer rechtgläubigen Persönlichkeit. Eine hohe Bedeutung hatte sodann in letzterer Zeit der herzogliche Hof von München in allen diesen Fragen gewonnen, besonders seit Herzog Albrecht der Fünfte bei Regelung der kirchlichen Angelegenheiten seiner Lande eine Politik streng im Geiste des Tridentinums zu befolgen begann. Damit verband sich dann aber von da an auch die mehr aufs Praktische gerichtete Politik, für die jüngeren Prinzen des bayerischen Hauses möglichst viele Prälaturen zu gewinnen. Auf diesem

---

[1]) Siehe Dr. Amrhein in der „Festschrift", S. 27.
[2]) Nicht am 12. November, wie lange Zeit angenommen wurde. Siehe Dr. A. Amrhein, a. a. O. S. 29 f.

Wege sollte der katholischen Sache ein verstärkter Halt gegeben, aber zugleich auch Macht und Ansehen des eigenen Hauses gefördert werden. Um Verfolgung einer solchen Doppelabsicht handelte es sich wohl auch hier, da Albrecht der Fünfte nach dem Tode des Fürstbischofs Friedrich einen Gesandten an das Domkapitel schickte, um seine angeblichen Bemühungen, seinem Sohn Ernst den erledigten Bischofstuhl zu verschaffen, in Abrede stellen zu lassen. Schon seit 1566 gehörte dieser bayerische Prinz dem Würzburger Domkapitel an und hatte trotz sehr jugendlichen Alters noch im nämlichen Jahre das Bistum Freising erhalten; der nämliche, der später durch seine siegreich durchgeführte Bewerbung in dem berühmten Kampf um das Erzstift Köln noch eine ganz besondere Bedeutung gewinnen sollte. Ob es bei jener diplomatischen Sendung nach Würzburg nicht doch auch auf eine Sondierung der dortigen Sachlage zugunsten einer eventuellen Mitbewerbung abgesehen war, mag dahingestellt bleiben. Allein jedenfalls fand man, wie sich auch noch während der Regierung von Julius in einem anderen Falle zeigen sollte, gerade hier in Würzburg einen für solche Bestrebungen viel spröderen Boden wie anderwärts. Herrschte doch in den Kreisen des Stiftsadels, aus denen erledigte Pfründen wiederbesetzt zu werden pflegten, dauernd ein gewisses Mißtrauen gegen ein Eindringen von Angehörigen fürstlicher Häuser in größerem Umfang. Daß nun aber, abgesehen von einem solchen persönlichen Interesse für den Münchener Hof, auch noch die prinzipielle Frage, die Besetzung des Würzburger Stuhles in einem streng konservativen Sinne sehr in Betracht kam, steht außer Zweifel.

Das Ergebnis der Vorbereitungen für die Neuwahl, die Julius als Domdekan selbst zu betätigen hatte, war die Anberaumung auf den 1. Dezember. Eine Reihe von Mitgliedern des Kapitels war bei diesem Wahltermin abwesend, aber mehrere von ihnen hatten mit der Abgabe ihrer Stimme einen anderen Kapitular betraut, so der hochbetagte Ambros von Gumppenberg, Probst der Domstifte Basel und Eichstätt, der abwesend für Julius Echter hatte stimmen lassen. Und eben dieser, der erst achtundzwanzigjährige Domdekan, war der „per majora vota" Gewählte. Die sogenannte „Ganzhornsche Chronik" bringt die sonst wohl nirgends zu findende Mitteilung, daß von 22 abgegebenen Stimmen Julius Echter 11, also die Hälfte, auf seinen Namen vereinigt habe, während 6 auf Albrecht Schenk von Limpurg gefallen seien, 3 auf Neidhard von Thüngen und 2 auf Erasmus

Neustetter¹). Unter Abwicklung des hergebrachten Zeremoniells hatte sich dann unmittelbar darauf die Einführung des Neugewählten in sein kirchliches und weltliches Machtbereich vollzogen.

Daß die Wahl des Domdekans Julius Echter nicht verfehlte, in weiteren Kreisen Überraschung und Aufsehen hervorzurufen, schon im Hinblick auf das noch so jugendliche Alter, kommt unter anderem in jener schon im Vorwort erwähnten zeitgenössischen Aufzeichnung über Julius, wohl von seinem eigenen Bruder Dietrich verfaßt, charakteristisch in folgender Weise zum Ausdruck: „Er war bey dem gemeinen Mann fast für einen Fremdbling geacht, die nicht allzeit angenehm seyn, welches ihm auch wohl hernacher in mehreren von Unverständigen unnothwendig fürgeruckt; und solches aus keiner anderen Ursach, dann daß er der Gesellschafften weniger gepflegt oder sich auf die Gassen und bey mahlzeiten finden lassen, als bey dergleichen jungen Herrn Gewohnheit ist"²). Offenbar hatte man eher mit der Wahl eines älteren Kapitulars gerechnet oder doch eines solchen, der in der Öffentlichkeit schon mehr bekannt geworden war, als es bei diesem offenbar mehr in ernster Zurückhaltung seinem Berufe lebenden Julius Echter der Fall gewesen ist. Nur um so mehr darf aber angenommen werden, daß tiefere Beweggründe bei dieser Wahl bestimmend einwirkten. Julius war, um es möglichst kurz und klar zu kennzeichnen, der Kandidat der streng katholischen Partei. Eine ganze Reihe von Äußerungen hoher Befriedigung, wie sie auf diese Wahl hin gerade aus solchen Kreisen laut geworden sind, bringen das in unzweideutiger Weise zum Ausdruck. So von seiten der päpstlichen Nuntien Gropper und Portia und des Erzbischofs Daniel von Mainz. In einem Schreiben an den Papst, in dem Erzbischof Jakob von Trier um die Bestätigung und um Taxennachlaß für den Neugewählten bat, finden sich die schmeichelhaftesten Lobsprüche über die

---

¹) Bibliothek des Historischen Vereins von Unterfranken und Aschaffenburg, MS. fol. 857, Bd. 2, S. 230ʳ und 231. Über diese Chronik und ihre Bedeutung vergleiche die Vorbemerkung zu den am Schlusse dieser Schrift gegebenen Beilagen.

²) Gropp, Coll. nov. Tom. III S. 313. Bei diesem in vieler Hinsicht offenbar gut informierten Berichterstatter findet sich unter anderem auch die bemerkenswerte Angabe, daß man jenen Abgesandten des Herzogs Albrecht von Bayern erst nach vollzogener Wahl beim Kapitel vorgelassen habe. Aber es ist außerdem bezüglich der Aufgabe dieses Gesandten auch noch die Bemerkung beigefügt (a. a. O. S. 312): „Das war mehr nicht, dann ein Kapitul zu Erwehlung eines treuen katholischen Vorstehers zu vermahnen."

Echterſche Familie und über Julius ſelbſt und ebenſo in einem ähnlichen Schreiben des Augsburger Biſchofs Egenolph von Knöringen. Ganz beſonders ſchwerwiegend ſind aber ſolche Äußerungen von angeſehenen Mitgliedern des Jeſuitenordens¹), der ohnedies ſchon länger in einer gewiſſen intimeren Fühlung mit der Echterſchen Familie ſtand. Hatte doch der Vater von Julius, Peter Echter, bei Berufung des Ordens nach Mainz tätig mitgewirkt, und Julius ſelbſt war in ſeiner Jugend längere Zeit Zögling des Kölner Jeſuitengymnaſiums geweſen. In lebhaften Lobſprüchen erging ſich vor allem auch der Rektor des Würzburger Kollegiums, Georg Bader, in einem Schreiben an ſeinen Ordensgeneral. Daß das Würzburger Domkapitel in einem Schreiben vom 24. März 1574 an den Papſt die verſchiedenen Vorzüge des von ihm Gewählten in möglichſt helles Licht zu ſetzen ſuchte, iſt leicht begreiflich. Immerhin verdient bei dem Lob von dieſer Seite eine beſondere Beachtung der Hinweis darauf, wie gerade in dieſer Wahl die beſte Widerlegung von Zweifeln über ſeinen, des Kapitels, kirchlichen Standpunkt enthalten ſei. So durfte alſo dieſe Würzburger Wahl gerade zu jener Zeit eine ganz beſondere Bedeutung beanſpruchen.

Schon ſeit dem dreizehnten Jahrhundert beſtand in Würzburg die Übung, daß man einem neugewählten Biſchof von ſeiten des Domkapitels eine Wahlkapitulation vorlegte²), auf deren Beſtimmungen er ſich verpflichten mußte, eine Einrichtung, die ja überhaupt bei den Gewalten, die mit ihrer Einſetzung auf das Wahlſyſtem begründet waren, vielfach zu einer ſtändigen geworden war; der von einer ſolchen Körperſchaft Gewählte ſollte ihr gewiſſermaßen zum Entgelt hierfür dauernd verpflichtet ſein und bleiben. Dieſe Einrichtung ſtand andererſ=

---

¹) Vergleiche hierüber beſonders B. Duhr, S. J., Geſchichte der Jeſuiten in den Ländern deutſcher Zunge. Bd. I S. 124. Sodann die Nuntiaturkorreſpondenz Kaſpar Groppers, herausgegeben von W. E. Schwarz (in Quellen und Forſchungen aus dem Gebiete der Geſchichte. Herausgegeben von der Görresgeſellſchaft). Bd. V S. 127 f., 138 f., 407 ff.: „Ego inter omnes, quot cognoscere potui capitulares, nec meliorem nec doctiorem invenire potui D. Julio Echter" äußerte Nuntius Gropper in einem intereſſanten Bericht a. a. O. S. 407 ff., und in einem ſpäteren Schreiben vom 10. Januar 1574: „qui illi ecclesiae ruinam quodammodo nunc minanti divinitus datus est" a. a. O. S. 91. Dr. S. Merkle in der „Feſtſchrift" S. 37 f.

²) Siehe Dr. J. Fr. Abert, Die Wahlkapitulationen der Würzburger Biſchöfe bis zum Ende des ſiebzehnten Jahrhunderts. im Archiv des Hiſtoriſchen Vereins von Unterfranken und Aſchaffenburg. Bd. XLVI, S. 27 ff. und beſonders S. 87 ff.

seits auch in einem ideellen Zusammenhang mit der auf die Ausbildung von Landständen in den Territorien hinzielenden Bewegung; gerade als das Fürstentum eine uneingeschränkte Gewalt in den Territorien gewonnen zu haben schien, setzte sich ihm mit dem Emporkommen der landständischen Körperschaften eine bedeutsame Schranke entgegen. In den geistlichen Territorien, wo es mehrfach nicht zu vollständiger Ausbildung einer landständischen Verfassung gekommen ist, übernahmen die Domkapitel vorzugsweise eine solche Rolle. So eben in Würzburg; Adel und Bürgerschaft haben sich hier trotz zeitweiliger Anläufe nicht die Anerkennung von dauernd gleichberechtigten Ständen im Rahmen einer landständischen Verfassung zu erringen vermocht. Der eigentlich vorherrschende Stand war und blieb das Domkapitel.

Von gut gemeinten Beweggründen ausgehend, hatte man mit jener Einrichtung gewissen Übergriffen der landesherrlichen Gewalt Einhalt tun wollen, allein das allmählich sich vordrängende Standesinteresse hat dann immer mehr eine das fürstliche Walten hemmende und lähmende Fessel daraus geschmiedet[1]). In der Zeit kurz vor Julius Echter waren für die Abfassung dieser Würzburger Wahlbedingungen noch neue Gesichtspunkte hinzugekommen, bestehend in Fernhaltung der religiösen Neuerungen und in einer strengeren Kontrolle über die fürstliche Hofhaltung und Kammer, Dinge, die nicht selten in einem gewissen ursächlichen Zusammenhang miteinander standen. Gerade während der Regierung Friedrichs von Wirsberg hatten sich aber mehrfach so scharfe Reibungen zwischen Fürstbischof und Domkapitel ergeben, daß dies nun in der neuen Wahlkapitulation von 1573 seinen fühlbaren Niederschlag finden sollte. Man scheute nicht davor zurück, diesmal sogar die Möglichkeit der Absetzung des Bischofs durch das Kapitel auszusprechen. Sodann sollten eine ganze Reihe der wichtigsten Hof- und Regierungsbeamten nicht nur wie seither mit Rat des Kapitels angenommen werden, sondern auch diesem in gleicher Weise verpflichtet sein. Unliebsames Aufsehen soll damals nach einer Äußerung der mehrmals angeführten zeitgenössischen Aufzeichnung jene Bestimmung wegen eventueller Absetzung des Bischofs hervorgerufen haben[2]), als

---

[1]) Vergleiche hierzu die Äußerungen in einer Denkschrift von Nik. Elgard, dem Gehilfen des Nuntius K. Gropper, in: Nuntiaturkorrespondenz K. Groppers a. a. O. S. 355.
[2]) Gropp, a. a. O. Tom. III S. 314.

ob man geringeres Vertrauen dem Neugewählten habe bezeigen wollen. Wozu sodann Friedrich von Wirsberg zum erstenmal in besonderer Abmachung sich hatte verstehen müssen, auf ein bestimmtes Deputat von 15000 fl. angewiesen zu sein, dazu mußte auch Julius sich bequemen. Mit einem Wort, es war eine abermalige Steigerung der Bedingungen. Dagegen etwa von vornherein Widerstand zu erheben, mochte dem scharfblickenden neuen Fürstbischof bei all seiner energischen Beanlagung wohl nicht als rätlich erscheinen. Aber um es gleich hier schon zu sagen, geblieben ist es dabei nicht. Der schon im Jahre darauf einsetzende erfolgreiche Kampf gegen solche hemmende Normen konnte als eines der charakteristischen Zeichen seiner eigenen Regierungsgrundsätze angesehen werden. Es sind die Vorboten einer allmählich von bischöflicher Seite einsetzenden Reaktion, die ihren Höhepunkt am Ausgang des siebzehnten Jahrhunderts erreichen sollte. —

König Ludwig der Erste von Bayern hat in seinen deutschen Ehrentempel Walhalla auch Julius Echter aufgenommen, und in den originellen biographischen Skizzen, die er in dem Buche „Walhallas Genossen" den einzelnen widmete, sagt er am Schlusse seiner Ausführungen über Julius: „im Sinne des Wortes: Kirchen= und Landes=Fürst." Knapp und treffend ist damit seine Bedeutung in doppelter Hinsicht ausgesprochen. In einer weit über ein gewisses Mittelmaß hinausreichenden Art und Weise gehört er der engeren fränkischen Heimat durch sein ungewöhnlich energisches, zielbewußtes landesfürstliches Walten an, während er in den großen kirchlichen Zeit= und Streitfragen ebenso bedeutend für sein engeres Herrschaftsgebiet wie für die damalige allgemeine Entwicklung erscheint, und das in einer Zeit, so bewegt und inhaltschwer wie nur irgendeine. Nicht etwa in Erschließung ganz neuer Bahnen beruht, um dies schon hier zu kennzeichnen, die eigentümliche Kraft und Bedeutung seiner Persönlichkeit, sondern vielmehr in dem scharfen Blick, in dem richtigen Erfassen der Zeit und ihrer Bedürfnisse und in einer mit der gewaltigsten Tatkraft durchgeführten Verfolgung seiner Ziele und Aufgaben. Es ist der Geist einer kraftvollen Wiederherstellung schwer erschütterter Ordnungen und Verhältnisse, was bei ihm das hervorstechende Merkmal bildet. Von einem solchen Gesichtspunkt aus will sein Wirken betrachtet und gewürdigt sein, einmal in Gestalt seiner landesfürstlichen Waltung, wodurch nach vorausgegangener langer Zerrüttung zunächst wieder fester Untergrund gewonnen werden mußte, sodann von da ausgehend eine geradezu epochemachende Tätigkeit in den großen kirchlichen Zeitbewegungen. Daß in letzterer Hinsicht das Urteil über Julius nicht das gleiche sein kann und sich unwillkürlich bis zu einem gewissen Grade nach dem eigenen Standpunkte richten wird, liegt in der Natur der Sache.

Nicht bloß Energie im einzelnen Falle, sondern ein ins Große gehender Zug, eine systematische Behandlung der in Angriff genommenen Fragen bildet eine weitere charakteristische Eigenschaft seines Wirkens, wie nicht minder auch die Beobachtung, daß er sich bei diesem seinem umfassenden durchgreifenden Restaurationswerk durch keinerlei Widerstand hat beirren lassen, mochte ihm ein solcher aus geistlichen, aus ritterschaftlichen oder sonstigen Kreisen entgegentreten. Eine unbeugsame Energie, die, wenn kein anderer Ausweg offenstand, auch vor Anwendung gewaltsamer, harter Maßnahmen nicht zurückscheute, um den erstrebten Zustand einheitlicher Ordnung herbeizuführen, macht sich dabei überall geltend. Auf solche Weise ist es ihm aber gelungen, für den weiteren Fortbestand des geistlichen Fürstentums im alten Reiche, der gerade im sechzehnten Jahrhundert als sehr bedroht gelten durfte, von neuem eine Berechtigung zu erkämpfen, zunächst für sein eigenes Hochstift, aber doch auch in einer Weise, die einer gewissen allgemeinen grundsätzlichen Bedeutung nicht entbehrte.

III.
Territorialverwaltung.

Von welchen schweren Gebrechen die würzburgischen Lande seit langer Zeit heimgesucht waren, wurde in dem einleitenden Abschnitt über die Zustände vor Julius Echter schon berührt. Befanden sich doch vor allem die hochstiftischen Finanzen unter dem unmittelbaren Vorgänger Friedrich von Wirsberg in traurigster Zerrüttung. Hier, im eigenen Hause reinliche Ordnung zu schaffen, hatte Julius als eine der wichtigsten Aufgaben, die ihrer Lösung durch ihn entgegensahen, erkannt. Unwillkürlich fühlt man sich dabei erinnert an jene umfassende Reform der gesamten inneren Staatsverwaltung, wie sie der große Zeitgenosse von Julius, der ihm in vieler Hinsicht geistesverwandte Maximilian der Erste von Bayern, während des ersten Jahrzehnts seiner Regierung durchführte, nachdem das gutmütig laxe Regiment der Vorgänger Bayern an den Rand des Verderbens gebracht hatte. Die gewaltige Rolle, wie sie dieser scharfblickende Wittelsbacher nachher in der großen äußeren Politik spielen konnte, findet ja zu einem guten Teil in jenem vorausgegangenen mühsamen Reformwerk ihre Erklärung.

Um auf diesem Gebiete mit Aussicht auf Erfolg arbeiten zu können, bedurfte es der freien Hand. In welcher Weise nun durch die Wahlkapitulationen gerade in den geistlichen Territorien hemmende Fesseln sich herausgebildet hatten, und wie Julius an der Schwelle seines fürstlichen Waltens nur noch eine weitere Steigerung davon hatte hinnehmen müssen, wurde oben schon berührt. Aber bereits hier in dieser Frage von so großer prinzipieller Bedeutung tritt seine Eigenart alsbald klar zutage. Schon im nächstfolgenden Jahre 1574 erhebt er Beschwerde über das „allzuharte Jurament". Daß seine Verwaltungsorgane dem Domkapitel nicht minder sollten verpflichtet sein wie ihm, dem Landesfürsten, stimmte mit seinen im Geiste jener Zeit einem gewissen Absolutismus zuneigenden Anschauungen nicht zusammen, und aus diesem seinem Widerstand erwuchs zunächst jene Limitationsurkunde, welche die einschränkenden Bestimmungen wieder auf die unter dem Vorgänger eingehaltene Linie zugunsten des Bischofs zurückführte; so unter anderem in der Bestimmung, daß auch ihm die Schlüssel zum Archiv und zum Geld anvertraut wurden, daß das Kammerpersonal nicht vom Kapitel allein, sondern mit beiderseitigem Einverständnis anzunehmen sei usw. Also zum erstenmal eine erfolgreiche Gegenäußerung. Aber auch während der weiteren Regierungszeit von Julius wurde beiderseitig in diesem Sinne fortgekämpft[1].

Neben den auf möglichste Einschränkung der landesherrlichen Gewalt durch das mächtige Domkapitel hinzielenden Bestrebungen war noch mit solchen von seiten der Landstände zu rechnen[2]. Oben wurde schon bemerkt, wie es zu einer ebenmäßigen dauernden Ausgestaltung dieser im Staatsleben jener Jahrhunderte so bedeutsamen Einrichtung gerade im Hochstift Würzburg nicht gekommen ist. Immerhin waren sie im fünfzehnten und sechzehnten Jahrhundert doch auch hier, besonders im Zusammenhang mit den damaligen finanziellen Nöten zu zeitweilig größerer Bedeutung gekommen, vor allem in den Tagen

---

[1] Dr. J. Fr. Abert, a. a. O. S. 88 f.
[2] Vergleiche hierzu S. Stumpf, Kurze Geschichte der Landstände des jetzigen Großherzogtums Würzburg. Bamberg 1808. S. 29 ff.

Friedrichs von Wirsberg. Der von diesem 1566 einberufene allgemeine Landtag ist indessen der letzte gewesen, an dem auch die Ritterschaft sich beteiligt hatte, während in der Folge nur noch der Klerus und Angehörige der Städte und des Landes als landständische Vertretung erscheinen. Auch nach dieser Seite hin suchte Julius seinen fürstlichen Standpunkt eifrig zu wahren, ähnlich wie Maximilian von Bayern die dort vorher zu einer wahren Übermacht gekommene Landschaft sehr in den Hintergrund zu drängen verstand. Schon auf einem 1577 stattgefundenen Landtage vertrat er lebhaft seinen fürstlichen Standpunkt, und besonders in den späteren Zeiten seiner Regierung sollte es noch zu lebhaften Meinungsverschiedenheiten kommen. In Zusammenhang mit der kurz zuvor erfolgten Gründung des Ligabundes hatte Julius im Jahre 1610 auf einem Ausschußtag der Landstände gesteigerte Anforderungen für militärische Zwecke gestellt; neben dem eigentlichen Kriegsvolk sollte es auch zur Bewaffnung der Landbevölkerung kommen und die Befestigung der Stiftshauptstadt Würzburg und des Frauenberges in einer zeitgemäßen Weise verstärkt werden, wofür sich Julius offenbar mit weitgehenden Plänen trug. Gerade dagegen erhob sich von jener Seite her ein zäher Widerstand. In kurzsichtiger Weise glaubte man, im Falle der Gefahr für die Stadt mehr Nachteil befürchten zu müssen, Zerstörung der Weinberge und anderen Schaden, und trotz aller Bemühungen ist es Julius in diesem Falle nicht gelungen, eines solchen Widerstrebens Herr zu werden. Die verhältnismäßig leichte Überwindung Würzburgs, wie man sie schon zwei Jahrzehnte darauf im Dreißigjährigen Kriege hat erleben müssen, bedeutete nur eine nachträgliche Rechtfertigung der damaligen Forderungen von Julius.

Aber auch außerhalb des Rahmens dieser Körperschaft waren in dem Verhältnis zum Domkapitel wie zur Ritterschaft schon von Natur aus, wie auch durch die ganze seitherige Entwicklung bedingt, starke Schranken und Hemmnisse für die fürstbischöfliche Gewalt vorhanden. Die Gegensätze dem Domkapitel gegenüber haben sich vor allem in den großen kirchlichen Zeitfragen und anderen damit verwandten Vorgängen fühlbar gemacht, bei deren Besprechung wir darauf zurückkommen werden. Das Verhältnis zur Ritterschaft war schon dadurch von Natur aus ein heikles und schwieriges, daß dieser Stand gerade in Franken gern seine reichsunmittelbare Eigenschaft betonte und andererseits doch wieder in vielfachen Lehen- und Dienstverhältnissen zum Hochstift sich befand. Schon im Verlauf des fünfzehnten Jahrhunderts hatte man einen Ausgleich in diesen Beziehungen angestrebt, und der streitlustige Fürstbischof Johann von Grumbach, dem damals viel an einem Bunde mit seiner Ritterschaft lag, suchte darum 1461 durch weitgehendes Entgegenkommen vertragsmäßig die Hauptschwierigkeiten zu regeln. Aber immer von neuem kamen die Gegensätze zum Durchbruch, und gerade unter Julius war das Verhältnis oft ein sehr gespanntes. Dabei fiel vor allem der Umstand, daß der überwiegende Teil dieses Adels der Reformation sich zugewandt hatte, sehr ins Gewicht. Auf einem deswegen am 17. Januar 1581 in Würzburg abgehaltenen Rittertag fanden alle Klagen, die man in diesen Kreisen gegen das damalige fürstbischöfliche Regiment zu erheben hatte, ihren scharfen Ausdruck; eine Aufsehen erregende Demonstration, die aber doch zuletzt ohne entsprechendes Ergebnis geblieben ist. Auch darauf ist bei Besprechung der Kirchenpolitik Julius Echters nochmals zurückzukommen.

Was nun die Grundsätze und die Reformen anlangt, wie sie von Julius in seiner Territorialverwaltung zur Ausführung gebracht wurden, so würde eine eingehendere Darstellung weit über den Rahmen dieser Blätter hinausgehen. Ein Hinweis auf einzelne, besonders beachtenswerte Seiten und auf den Geist, von dem diese ganze Verwaltung geleitet war, muß hier genügen.

Schon bald nach Beginn dieser Regierung geschah der Erlaß einer neuen Hofordnung, zurückgehend auf eine solche des Vorgängers Friedrich von Wirsberg, sowie einer neuen fürstlichen Kanzleiordnung; gesteigerte Geschäftstätigkeit und Erweiterung der Kompetenz sind ihre besonderen Merkmale. Sodann zahlreiche Mandate über die verschiedenartigsten Gegenstände; so gegen Wucher, Wildfrevel, Schmähen, Zutrinken, gegen Strolche und Zigeuner usw. In vielen Fällen hat es sich dabei wohl nur um Erneuerung oder zeitgemäße Verbesserung älterer derartiger Ordnungen gehandelt, aber gerade auch so dürfen sie als Beweise einer stets wachsamen, unermüdlichen Regentenfürsorge gelten, gleichwie solche Erlasse auch wieder einen tieferen Einblick in damalige Mängel und Schäden gewähren. Wichtig war der Erlaß zahlreicher Stadt- und Dorfordnungen. Dabei muß bemerkt werden, wie für eine weitergehende Selbstbestimmung der Gemeinden durchgängig nicht viel Raum gelassen war. So wurde 1599 ein Statut für den Würzburger Stadtrat aufgerichtet, in seinen wesentlichen Punkten auf einer Verordnung des Fürstbischofs Konrad von Thüngen beruhend, als man damals nach Niederwerfung des Bauernaufstandes das alte Streben nach Reichsfreiheit, das im Zusammenhang mit dieser Revolution noch einmal in der Würzburger Bürgerschaft aufgeflammt war, endgültig aus der Welt hatte schaffen wollen. Die Zusammensetzung des Stadtrats und seiner Organe und die Bewegungsfreiheit dieser Körperschaft sollte ganz in die Sphäre des fürstlichen Machtbereichs gebracht werden, wofür die Würzburger Ratsprotokolle wiederholt die sprechenden Belege bieten[1]). Gerade durch die Politik, wie sie von Julius in diesen so wichtigen Fragen grundsätzlich verfolgt wurde, ist Würzburg für die ganze weitere Folge der Charakter einer landsässigen Stadt aufgeprägt worden.

Mit der wundeste Punkt des damaligen Würzburger Staatshaushalts waren die zerrütteten Finanzen. Nach einer ähnlich schlimmen Lage während des fünfzehnten Jahrhunderts hatte schließlich die systematisch durchgeführte Einlösung zahlreicher Schuldtitel einen Hauptruhm der Regierung des klugen Rudolf von Scheerenberg gebildet, und so war es auch jetzt einer der größten Triumphe der inneren Reformtätigkeit von Julius, strenge Ordnung und wohlgefüllte Kassen an Stelle der früheren beständigen Ebbe treten zu lassen. Durch eine solche umsichtige Finanzwirtschaft konnten auch jetzt wieder eine Menge älterer Schulden getilgt[2]) und für große neue Schöpfungen die Mittel gefunden werden. Es war, wie gesagt, eine im besten Sinne umsichtige Finanzwirtschaft, wie sie damals betrieben wurde, denn nicht nur auf dem Wege strenger Ordnung und Sparsamkeit konnten solche Ziele erreicht werden, sondern vor allem auch durch eine verbesserte Erschließung bereits vorhandener Einnahmequellen. Als eines der lehrreichsten Beispiele hierfür darf die durch Julius in einer geradezu epochemachenden Weise umgestaltete Forstverwaltung angesehen werden[3]).

---

[1]) Ein paar charakteristische derartige Fälle finden sich in den von Dr. Kerler herausgegebenen „Kalendereinträgen des Tuchscherers Jakob Röder" im Archiv des Historischen Vereins von Unterfranken und Aschaffenburg. Bd. XLI S. 40 Anm. 2, und in der Abhandlung von G. H. Lockner über „Würzburger Neujahrsgoldgulden" in dem Festbuch der Stadt Würzburg „Hundert Jahre bayerisch". Würzburg 1914. S. 45.

[2]) J. N. Buchinger, Julius Echter von Mespelbrunn. S. 320 ff.

[3]) Vergleiche hierüber die verdienstvolle Forschung von Dr. B. Kmiotek, Siedelung und Waldwirtschaft im Salzforst. (Dr. G. Schanz, Wirtschafts- und Verwaltungsstudien mit besonderer Berücksichtigung Bayerns. VIII.) Leipzig 1900. S. 101 ff.

Von frühen Zeiten her befand sich das Hochstift Würzburg im Besitz bedeutender Waldbestände. So war es im Jahre 1000 durch kaiserliche Schenkung Eigentümer des Salzforstes geworden, und dieses wertvolle Waldgebiet der Besiedelung zu erschließen und ertragsfähiger zu machen, bildete längere Zeit für Julius den Gegenstand aufmerksamster Fürsorge. Vielfache Mißgriffe waren vorausgegangen, so daß die Früchte von diesem Besitz viel weniger dem Hochstift als vielmehr dem dort angesessenen Adel, besonders den Voiten von Salzburg und den sogenannten erblichen Forstmeistern, zugute kamen. Schon die Vorgänger von Julius hatten zu bessern versucht, aber erst durch ihn selbst kam die ganze Frage in ein neues Stadium, denn er hatte richtig erkannt, wie zum Zweck einer rationellen Ausbeutung vor allem die Schaffung einer neuen Waldordnung notwendig sei. Zur Vorbereitung eines solchen umfassenden Werkes wurden bereits 1574 gründliche Informationen von den dortigen Ämtern über elf Punkte erholt. Auf die betreffenden Berichte hin geschah sodann eine Bereisung jenes Gebietes, um die Neugereute in den letzten fünfzig Jahren, die stiftischen Nutzungen an Zinsen, Renten usw. genauer zu erkunden[1]), und auf Grund aller dieser Erfahrungen erfolgte dann, und zwar unter vorbildlicher Verwertung einer württembergischen Forstordnung von 1552, eine neue Waldordnung, zunächst nur für den Salzforst, aber dann doch auch mit allgemeiner Geltung für alle Forsten des Hochstifts; ein außerordentlicher Fortschritt für die ganze Folge. Die in Zusammenhang mit den mehr und mehr absolutistischen Tendenzen jener Zeit neu erstarkte fürstliche Forsthoheit hat dabei einen Grundzug gebildet, so zwar, daß im Hinblick auf vielfache seitherige Mißwirtschaft von seiten der Gemeinden nun auch diese mit ihrem Waldbesitz den neuen Bestimmungen unterstehen sollten: „daß uns als der Obrigkeit gebueren und zustehen wolle, allenthalben ein nothwendigs billigs einsehen zu haben, daß niemandt der Unsern das sein mißbrauche und übell und unnütz hinbringe." Durch keinerlei Widerstand ließ sich Julius dabei beirren. Eine Neuordnung der Verhältnisse der Forstbeamten, eine Vermessung des Salzforstes und eine

---

[1]) Diese Bereisungen dehnten sich übrigens auch auf andere Waldgebiete aus. Vergleiche zum Beispiel den Bericht über eine solche „Bereitung" im Steigerwald im Mai 1575 bei: Dr. K. Ehrenburg, Beiträge zur Geschichte der fränkischen Kartographie zur Zeit des Fürstbischofs Julius Echter. (Archiv des Historischen Vereins von Unterfranken und Aschaffenburg Bd. XXXV. S. 23 ff.)

erste genaue Aufzeichnung der Holzbestände bildeten die weiteren Fortschritte auf diesem nun einmal betretenen neuen Wege. Das Hochstift war durch diese Reformarbeit von Julius wieder unumschränkter Herr in seinem großen Waldbesitz auf der Rhön geworden, und die vor Jahrhunderten gemachte kaiserliche Schenkung kam damit eigentlich erst recht zu der beabsichtigten Wirkung.

Nicht ohne eine gewisse Genugtuung mochte Julius seine Blicke auf die durch solche Mittel und Wege endlich wieder wohlgefüllten fürstlichen Kassen richten. Ist ihm doch gelegentlich, vor allem in den Kreisen des Ligabundes, der Vorwurf des Geizes nicht erspart geblieben. Daß die von ihm oft und gern geübte Zurückhaltung der Mittel als ein Fehler erscheinen konnte, sobald es sich um ernste politische Ziele und Zwecke handelte, mag zugegeben werden. Allein im Hinblick auf die vorausgegangene langjährige Verwirrung in den Finanzen des Hochstifts wird eine solche Sparsamkeit wenigstens erklärlich werden.

Ein anderer wesentlicher Zug der landesfürstlichen Politik Julius Echters bestand in seiner wachsamen Fürsorge für den Umfang des hochstiftischen Machtbereichs. Mit scharfem Blick nach allen Seiten ausschauend, stand er stets auf der Warte, um im gegebenen Fall alte Rechte und Gebietsansprüche von neuem geltend zu machen, aber zugleich auch jede neu sich bietende Gelegenheit sorgsam auszunützen zur Erweiterung und Abrundung. In einem solchen Geiste war einst in der ersten Hälfte des dreizehnten Jahrhunderts von Hermann von Lobdeburg das Territorium der Würzburger Kirche recht eigentlich ausgebaut und gefestigt worden, und gar manches in der Politik Julius Echters will unwillkürlich an diesen bedeutenden Vorgänger gemahnen. Das Vorwalten des Lehenverbandes, der in den territorialen Verhältnissen der geistlichen Fürstentümer eine so große Rolle spielte, wodurch aber leicht die betreffenden Besitzungen mehr und mehr entfremdet werden konnten, trieb ihn nur dazu an, gerade darüber scharf zu wachen und einer solchen drohenden Schädigung vorzubeugen. Mit rücksichtsloser Energie hat er gern in solchen Fragen zugegriffen und den Heimfall von Lehen bewirkt, die nach seiner Anschauung als erledigt gelten sollten, wobei freilich die rechtliche Eigenschaft der betreffenden Lehenstücke nicht immer unanfechtbar war. So in den zu größerem Umfang ausgewachsenen Händeln wegen der Grafschaft Wertheim. Die Besitzungen dieser 1556 im Mannesstamm ausgestorbenen Grafenfamilie gingen auf dem Wege des Erbgangs zunächst auf den Grafen Ludwig von Stollberg über und weiterhin bei Ermangelung eigener Söhne auf dessen zwei ältere Töchter. Als aber nach deren kinderlosem Ableben eine noch vorhandene dritte, mit dem Grafen Ludwig von Löwenstein vermählte Tochter, die allerdings bei vorausgegangenen Belehnungen ihrer Schwestern außer Erwähnung geblieben war, mit Ansprüchen hervortrat, zog Julius unter Verwerfung derselben die ehedem Wertheimschen Ämter Freudenberg, Schwanberg, Remlingen und Laudenbach 1612 als würzburgische Lehen ein, nicht ohne daß es darüber zur Anwendung von Waffengewalt und zu mehrjährigen Kämpfen kam.

Außer den Grafen von Wertheim waren in der zweiten Hälfte des sechzehnten Jahrhunderts noch zwei weitere Geschlechter des fränkischen Hochadels erloschen, die Grafen von Henneberg und von Rieneck. Auch diese Fälle verstand Julius erfolgreich auszunützen. Aus dem Hennebergischen Erbe wurde ein Anteil am Besitz von Münnerstadt erworben, während zugleich die nördlichen Ämter des Hochstifts durch Gewinnung von darin gelegenenen hennebergischen Ortschaften vorteilhaft abgerundet werden konnten. Aus der Rieneckschen Erbschaft war das vom Hochstift als Lehen herrührende Amt Schönrain zunächst an die Erben, die Grafen von Isenburg-Ronneburg, übergegangen. Als aber 1601 dieser Zweig des Hauses Isenburg erlosch, zog auch hier Julius mit Ausschluß einer noch vorhandenen anderen Linie das Amt als erledigtes Lehen ein.

Durch ein Abkommen mit der Reichsstadt Schweinfurt gewann Würzburg die Schutzvogtei über die beiden Reichsdörfer Gochsheim und Sennfeld. Auch um Kitzingen, das einst in den Tagen des Fürstbischofs Gerhard von Schwarzburg an die benachbarten Markgrafen unter Vorbehalt der Wiedereinlösung verpfändet worden war, bemühte sich Julius und nahm zur Geltendmachung der würzburgischen Ansprüche die Huldigung entgegen, ohne die Sache aber völlig durchführen zu können[1]). Erst 1629 ist es gelungen. Mit dem Nachbarhochstift Bamberg gab es längere Streitigkeiten, besonders wegen der Abtei Banz, über die von Hause aus Würzburg die geistliche, Bamberg die weltliche Hoheit zu beanspruchen hatte. Julius drang damals in der

---

[1]) Die Ganzhornsche Chronik äußert hierzu S. 231 r: „vnd stehet solche pfandtschillings ablößung in schweren terminis."

Hauptsache mit seinen Forderungen durch. Bezüglich des bei Schwäbisch-Hall gelegenen Ritterstiftes Komburg, das immer in näheren Beziehungen zu Würzburg gestanden hatte, aber bis ins fünfzehnte Jahrhundert reichsunmittelbar gewesen war, wurde damals die Unterordnung unter Würzburg entschieden. Abgesehen von noch manchen anderen derartigen Fällen, die hier beiseite bleiben können, war der größte und schwierigste Handel, in den sich Julius eingelassen hat, der wegen des Stiftes Fulda. Hier hat es sich nicht um einzelne Besitz- und Rechtsfragen gehandelt, sondern es ging ums Ganze, und in diesem Falle ist er allerdings unterlegen; ein Fall von so vielseitigen Beziehungen, daß er besser in einem eigenen Abschnitte behandelt werden mag.

Ein dauerndes ruhmreiches Angedenken hat Julius Echter seinem Namen auf dem Gebiete der Rechtspflege gesichert[1]). Auch hier verstand er es, in großzügiger Weise vorzugehen. Eine Feststellung der „herbrachten Bräuche", wie sie wohl in keinem deutschen Lande nach Ausgang des Mittelalters mit gleicher Sorgfalt vorgenommen worden ist, sollte hier die Grundlage für alles Weitere bilden. An die nahezu siebzig Zenten und Halsgerichte, die in seinem Hochstift waren, hatte Julius ein wohlausgedachtes Fragensystem hinausgehen lassen. Auf diesem Wege sollten die Gepflogenheiten der einzelnen Gerichtsbezirke sorgfältig erkundet werden. Die daraufhin eingelaufenen ausführlichen Aufschlüsse bieten in ihrer Gesamtheit ein unvergleichliches Bild des damaligen Gerichtswesens in diesen Landen; sie haben den Wert wirklicher Weistümer. So ist das große Zentbuch des Bischofs Julius entstanden, zusammengetragen aus Urbaren, Salbüchern, Verträgen, Kundschaften, alten und neuen Berichten usw., bei dessen Abfassung man insofern auch der Zukunft dienen wollte, als durch redaktionelle Eingriffe diese und jene Mißstände beseitigt werden sollten. Wenn dabei gegen Versuche, sich der würzburgischen Zentgerichtsbarkeit zu entziehen, angekämpft wurde, so darf man auch darin wieder ein Glied in jener Kette von Bemühungen Julius Echters erblicken, das Ansehen seines Hochstifts in jeder Weise zu heben und zu festigen. Es kann die Bedeutung dieser groß gedachten Kodifikation des heimischen Zentrechts nicht mindern, daß nur ungefähr die Hälfte davon

---

[1]) Vergleiche hierzu vor allem: Dr. Hermann Knapp, Die Zenten des Hochstifts Würzburg. 2 Bde. Berlin 1907.

durchgeführt wurde; eine streng geregelte Ordnung war eben doch dadurch in das ganze hochstiftische Gerichtswesen gebracht worden, eine Ordnung, bei der die Aufspürung des Alten mit Ersetzung und Ergänzung durch zweckmäßige Neuerungen aufs Glücklichste verbunden erscheint. Eine Reformation des Würzburger Stadtgerichts im Jahre 1582 und eine solche des Hofgerichts 1586 bildeten noch weitere Ergänzungen der Gesamtarbeit auf diesem Gebiet. In der traurigen Verirrung der Hexenprozesse vermochte sich Julius allerdings so wenig wie der scharfblickende Maximilian von Bayern von dem Banne der Zeitanschauung zu befreien, aber sein Ordnungssinn suchte doch wenigstens auch da durch Modifikationen im Verfahren eine gewisse Verbesserung zu erzielen.

Erwähnung verdient, daß es auch an schweren Heimsuchungen durch „Krieg, Hunger und Pestilenz" während dieser langen Regierungszeit keineswegs fehlte, Vorgänge, die natürlich ganz besondere Prüfsteine für die Tüchtigkeit einer Territorialverwaltung bilden müssen.

Von unmittelbarer Beteiligung an einem größeren Kriege konnten allerdings die würzburgischen Lande damals verschont bleiben, aber Gefahren und Befürchtungen von solcher Art standen nur allzuoft als drohendes Gewölk am politischen Horizont, und nur um so schwerer machten sich dafür die Leiden wiederholter Pestepidemien und Hungersnöte fühlbar. In solche Schreckenstage und die dabei herrschenden Stimmungen gewähren die schlichten Kalendereinträge eines Würzburger Bürgers, des Tuchscherers Jakob Röder, manchen interessanten Einblick, besonders für die Jahre 1606—1608 und 1611[1]). Man kann nicht sagen, daß das fürstbischöfliche Regiment solchen Heimsuchungen gegenüber an Mut und Besonnenheit es habe fehlen lassen, wie aus einer ganzen Reihe von damaligen strengen Anordnungen zu entnehmen ist. Daß dabei die Steuerlasten keinen Nachlaß erfuhren, entlockte allerdings auch jenem Bürgersmann, der im übrigen sich für seinen fürstlichen Herrn sehr eingenommen zeigt, eine Äußerung des Unmuts.

Bei diesem ganzen Regierungssystem, dem in besonderem Maße der Stempel seines so bedeutenden Trägers aufgeprägt war, hat es überhaupt an mancherlei Tadel und Widerspruch nicht gefehlt. Ein

---

[1]) A. a. O. Archiv des Historischen Vereins von Unterfranken und Aschaffenburg. Bd. XLI, S. 17 ff., 38, 41 f.

ausgesprochener Herrscherwille, der ganz unbeirrt durch Einrede und Widerstand seine eigenen Wege ging, bei dem auch wohl Anwandlungen von heißblütiger Strenge, die sich bis zu einer gewissen Härte steigern konnten, nichts Seltenes waren, konnte nur allzu leicht auf lebhafte Gegnerschaft in den Kreisen der davon Betroffenen rechnen. So ist wohl zu begreifen, wenn einmal von ritterschaftlicher Seite Klage erhoben wurde, daß er „mehr aus seinem eigenen willen und kopf, denn aus vorhergehendem rath eines ehrwürdigen kapitels oder seiner fürnemsten landräte regiere". Und im Domkapitel, wo man mit am allerschwersten die Einwirkungen dieses persönlichen Regimentes hat empfinden müssen, ließ man in Angewöhnung einer gewissen elegischen Resignation Protokolle wiederholt dahin ausklingen: „ist nun soweit, daß nicht mehr viel einredens helfen werde; ist votiert, diesen punkt ersitzen zu lassen"[1]. Aber gerade von wirklich bedeutenden originellen Naturen im Staatsleben hat die Geschichte in der Regel vieles von solcher Art zu berichten, und schon auf Grund der kurzen Darstellung, wie sie hier geboten werden konnte, darf wohl das neuerdings einmal ausgesprochene Urteil, daß Julius Echter ein Verwaltungs= und Finanzgenie wie ein Organisator sondergleichen gewesen sei, als nicht unzutreffend angesehen werden[2]. Daß das Hochstift Würzburg nach so schweren vorausgegangenen Erschütterungen nicht unterging, sondern noch einmal neue Lebenskraft hat gewinnen können, war sein Werk. Die zwei weiteren Jahrhunderte seines Daseins bis zum völligen Aufhören des geistlichen Fürstentums sind vor allem davon herzuleiten.

IV.
Kirchliche Restauration.

Mag die Bedeutung von Julius Echter als Wiederhersteller seiner Stiftslande durch zeitgemäße Verwaltungsreformen auch noch so hoch in der Geschichte der fränkischen Lande einzuschätzen sein, seine eigentliche Bedeutung für die große geschichtliche Entwicklung beruht doch auf einem anderen Gebiete, nämlich auf seinem wirkungsvollen Ein=

---

[1] Viel Derartiges findet sich zusammengestellt bei S. Kadner, Zur Charakteristik des Fürstbischofs Julius Echter, in: Beiträge zur bayerischen Kirchengeschichte. Herausgegeben von D. Th. Kolde, V. Bd., S. 269 ff.
[2] Dr. H. Knapp, a. a. O. Bd. II, S. 45.

greifen in die damaligen großen kirchlichen Zeit- und Streitfragen
Es darf als ein eigenartiges zeitliches Zusammentreffen angesehen
werden, daß in dem nämlichen Jahre 1545, in dem das Konzil von
Trient eröffnet wurde, Julius Echter das Licht der Welt erblickte.
Von dieser Kirchenversammlung und ihren Beschlüssen datiert ja recht
eigentlich ein kraftvolles Wiederaufleben der durch die vorausgegangene
Spaltung so schwer getroffenen katholischen Kirche, und eben in dieser
Restaurationsbewegung sollte der fränkische Fürstbischof als einer ihrer
begabtesten und erfolgreichsten Führer eine so große bleibende Bedeutung gewinnen.

Gerade darin findet aber die sehr verschiedenartige Beurteilung,
wie sie Julius Echter mehrfach gefunden hat, ihre ursächliche Be-
gründung: hochgefeiert von der einen Seite als verdienstvoller Wiederhersteller und siegreicher Führer im Kampfe, scharf getadelt aus den
Reihen der Gegner als rücksichtsloser Widersacher in diesen damaligen
Kämpfen; und es liegt nur in der Natur der Sache, wenn „der Parteien Gunst und Haß" je nach dem eigenen Standpunkte des Be-
urteilers bis zu einem gewissen Grad immer noch in Wirkung bleiben
wird. Unter allen Umständen aber muß betont werden, wie man sich
zu jener Zeit noch im unmittelbaren Kampf der großen Gegensätze
befand und wie es dabei eine selbstverständliche Sache war, wenn hüben
und drüben alles daran gesetzt wurde, noch einmal einen möglichst
einheitlichen Zustand herzustellen. Völlig zutreffend ist daher neuestens
von den „damals auf beiden Seiten geläufigen Formen kirchlicher
Kriegführung" gesprochen worden[1]).

Wenn nun gerade Julius Echter in diesem gewaltigen Kampfe
mit in der vordersten Schlachtreihe gestanden hat, so muß bei diesem
seinem Vorgehen jedenfalls ein Umstand sehr berücksichtigt werden.
Ihm war es nämlich nicht bloß darum zu tun, die Untertanen, die
sich von der alten Kirche abgewendet hatten, äußerlich wieder zurück-
zugewinnen. Geleitet von der Überzeugung, daß schwere Mängel und
Gebrechen auf katholischer Seite selbst zu einem erheblichen Teile den
Abfall mitverschuldet hatten, zeigte er sich von Anfang an bemüht,
ähnlich wie in seinem weltlichen Regiment, so gerade auch hier den
Kampf auf kirchlichem Gebiet mit systematisch gründlichster Reformarbeit in den eigenen Kreisen zu beginnen. Die so vielfach erlahmten

---

[1]) Dr. S. Merkle, Festrede, S. 9.

Kräfte auf katholischer Seite sollten neu erweckt und geläutert und auf diesem Wege ihre Lebensberechtigung dargetan werden.

Welche Bedeutung man der Erhebung Julius Echters auf den Würzburger Stuhl beimaß, wurde früher schon berührt. Man konnte nicht etwa sagen, er sei in seiner Stellung zur Bekenntnisfrage ein noch unbeschriebenes Blatt gewesen; tonangebende Stimmen im katholischen Lager hatten in unzweideutiger Weise seine Person und seine Wahl als einen Sieg der eigenen Sache begrüßt. Gleich in diesem Zusammenhang ist deshalb einer Annahme zu gedenken, die eine Zeitlang in der geschichtlichen Literatur eine gewisse Rolle spielte, wonach Julius anfangs noch geschwankt habe, welcher Seite er sich zuwenden solle. Vor allem auf die Tatsache, daß er von früher her in freundschaftlichen Beziehungen zu dem nachher zum Protestantismus übergetretenen Kölner Erzbischof Gebhard Truchseß gestanden hatte, war diese Hypothese begründet worden[1]). Auch er habe geschwankt, ob er nicht etwa dieses Beispiel nachahmen solle, oder es habe ihn doch erst das schließliche Unterliegen Gebhards in dem darüber entbrannten Kampf um das Kölner Erzstift dazu bewogen, andere Wege einzuschlagen, d. h. auf dem seitherigen Boden zu verbleiben. Dem steht entgegen, daß Julius sofort nach jenem Übertritt Gebhards auf die Seite von dessen Gegnern trat, das Kölner Domkapitel durch eine Botschaft zu standhaftem Beharren ermuntern ließ und die Sache des Gegenkandidaten Ernst von Bayern mit Geldmitteln unterstützte. Aber auch ganz abgesehen davon, stellt sich schon die ganze Jugend von Julius Echter, seine Erziehung und Ausbildung, die gegründete Hoffnung, wie man sie von Anfang an auf ihn gesetzt hatte, die Art und Weise, wie er schon frühzeitig als Bischof im Sinne strenger Reformen

---

[1]) Eine Äußerung L. v. Rankes in seiner Geschichte der römischen Päpste, 5. Aufl. Bd. II, S. 120, hatte dazu Veranlassung gegeben. Daraufhin hat sich Wegele in seiner Geschichte der Universität Würzburg, Bd. I, S. 128 ff. sehr eingehend mit dieser Frage beschäftigt und ist in überzeugender Weise zu dem entgegengesetzten Ergebnis gekommen. Weitere Berichtigung und Ergänzung fand die Beweisführung in diesem Sinne in der Abhandlung von Dr. M. Lossen, „Die angeblichen protestantischen Neigungen des Bischofs Julius Echter von Würzburg" in den Forschungen zur deutschen Geschichte, Bd. 23, S. 352 ff., und von S. Kadner, „Die anfängliche religiöse Stellung des Fürstbischofs Julius Echter von Mespelbrunn" in D. Th. Koldes Beiträgen zur bayerischen Kirchengeschichte, Bd. IV, S. 128 ff.; weiterhin in den Ausführungen von Dr. S. Merkle in seiner Festrede, S. 30 Anm. 5 und in der „Festschrift", S. 35 f. und S. 53 Anm. 4 ff.

bei seinem Klerus auftrat — alles das und noch vieles andere von solcher Art stellt sich als ein von Anfang an geschlossenes System einer festen Welt- und Lebensanschauung dar, bei der ein ernstliches längeres Schwanken, wie es ja in anderen solchen Fällen öfter vorkam, als ausgeschlossen erscheinen muß. Es darf darum jene Anschauung jetzt als eine überwundene angesehen werden. Auch der Umstand, daß Julius nach seiner Erwählung sich nicht allzusehr beeilte, die Bestätigung in Rom zu erhalten, und daß er die Priester- und Bischofsweihe erst am 22. Mai 1575 empfing[1]), darf ebensowenig in einem solchen Sinne gedeutet werden. Nur allzuhäufig kamen damals solche erst spät vorgenommene Weiheakte vor; der eigentümliche Doppelcharakter der ganzen Stellung, wobei zunächst vor allem auf die Übernahme und Fortführung des weltlichen Regiments Bedacht genommen wurde, machte sich dabei geltend.

Mit Recht konnte darauf hingewiesen werden, um die Bedeutung von Julius Echter für das Werk der Gegenreformation ins richtige Licht zu setzen, wie ungewiß die ganze Lage im Würzburger Lande doch noch war, als er die Herrschaft übernehmen mußte[2]). Wohl hatten seine zwei Vorgänger Melchior Zobel von Guttenberg und besonders Friedrich von Wirsberg es an Bemühungen für Erhaltung des alten Kirchenwesens nicht fehlen lassen; bei letzterem wäre eher von einem mitunter etwas unpolitischen Übereifer zu sprechen gewesen. Friedrich von Wirsberg war es, der die Beschlüsse des Konzils von Trient hatte verkünden lassen. Zur besseren Heranbildung der Jugend in einem solchen Geiste rief er eine höhere Schule, das Collegium Fridericianum ins Leben, und vor allem sehen wir auf seine Veranlassung seit 1567 in Würzburg Angehörige jener religiösen Genossenschaft in Wirksamkeit, die als eine Hauptkraft im Kampf um die katholische Restauration anzusehen ist, des Jesuitenordens. Erst nach mehrjährigen Bemühungen und Verhandlungen[3]), wobei Peter Canisius eine Hauptrolle spielte, war es dem Fürstbischof gelungen, dieses Vorhaben zu verwirklichen, denn gegen sie, als „hochtrabend stolze Leut", bestand besonders in den Kreisen des Domkapitels vorwiegend Ab-

---

[1]) Ganzhornsche Chronik f. 231 r.
[2]) Wegele, Geschichte der Universität Wirzburg, Bd. I, S. 128 und 135.
[3]) Vgl. B. Duhr, S. J., Geschichte der Jesuiten in den Ländern deutscher Zunge, Bd. I, S. 120 ff.

neigung. Allein trotz solcher Bemühungen war doch in dem allgemeinen Zustand der kirchlichen Verhältnisse im großen und ganzen alles noch beim Alten geblieben. Und die sehr trübe Lage, in der sich gleichzeitig die weltliche Verwaltung des Hochstifts befand, schien nur dazu angetan, jene Bemühungen auf dem anderen Gebiete störend zu beeinflussen. Es mußte also, wie schon gesagt wurde, die Zukunft noch als völlig ungewiß angesehen werden.

Schwierig genug waren nun zudem die Verhältnisse, unter denen Julius sein geistliches Regiment zu übernehmen hatte. Vom Domkapitel war er gewählt, aber gerade von dieser Seite durfte er auf eine wesentliche Unterstützung in der von ihm gewollten Art und Weise kaum rechnen. Nicht als ob etwa eine ausgesprochene Hinneigung zu den kirchlichen Neuerungen vorhanden gewesen wäre, wie es mehrfach anderwärts in solchen Körperschaften der Fall war. Die Wahlkapitulation, auf die man den neuen Bischof verpflichtet hatte, enthielt vielmehr Bedingungen, die auf ein Festhalten an der katholischen Sache hinzielten. Der im Jahre der Wahl Julius Echters gestorbene Augsburger Bischof Otto Truchseß von Waldburg hat zwar gelegentlich auch Würzburg unter einer Reihe von Bischofstädten aufgeführt, in denen häretische oder verdächtige Domherren sich befänden, und da Otto Truchseß selbst ein Würzburger Kanonikat besaß, verdient dies immerhin eine gewisse Beachtung [1]. Um eine ausgesprochene Neigung zur Abwendung von den gewohnten hergebrachten Verhältnissen mag es sich indessen doch nur in ganz wenigen Fällen gehandelt haben. Aber die ganze Art der Auffassung und Denkweise war eben doch eine wesentlich andere. Man muß sich vergegenwärtigen, wie ein großer Teil dieser Kanoniker viel weniger aus eigener Berufswahl, als vielmehr durch frühzeitige Bestimmung von seiten ihrer Familien zum Zweck einer standesgemäßen Versorgung Eingang in solche Körperschaften gefunden hatte. Tieferes Eindringen und Stellungnahme in solchen großen grundsätzlichen Fragen war dann eben auch weiterhin bei vielen gar nicht zu erwarten [2]. Gerade in der letzteren Zeit

---

[1] J. Schmidlin, Die kirchlichen Zustände in Deutschland vor dem Dreißigjährigen Kriege nach den bischöflichen Diözesanberichten an den Heiligen Stuhl, in: L. Pastor, Erläuterungen und Ergänzungen zu Janssens Geschichte des deutschen Volkes, Bd. VII, S. 313—325.

[2] „In capitulo sunt viri nobiles et strenui multi, docti vero et pii pauciores magisque saeculari militiae, quam functioni ecclesiasticae addicti,"

konnten manche von ihnen als feinsinnige Freunde und Förderer wissenschaftlicher Bestrebungen angesehen werden, wie Daniel Stiebar und Erasmus Neustetter, allein gerade bei solchen humanistisch gerichteten Persönlichkeiten, die ihre literarischen Beziehungen nach den verschiedensten Seiten hin hatten, war vielmehr eine weitherzige Auffassung in jenen Fragen das Vorwiegende. Mochten auch immerhin einzelne Kanoniker, wie Egenolph von Knöringen, mit einem gewissen Eifer positiv kirchliche Anschauungen vertreten, so war doch eben für viele ein ruhiges ungestörtes Genießen ihrer Pfründe der ausschlaggebende Gesichtspunkt, zumal wenn sie, was bei vielen dieser Würzburger Herren der Fall war, zugleich auch in dem Ritterstifte Komburg bei Schwäbisch-Hall präbendiert waren und diese entzückend gelegene Anhöhe als willkommenes Tuskulum für die Sommerzeit benützen konnten. Viel mehr ein ruhiges Geschehenlassen bildete also von dieser Seite her die vorwiegende Stimmung, und zwar auch der Bewegung gegenüber, die bereits mit unwiderstehlicher Macht immer weitere Kreise des eigenen Hochstifts ergreifen zu wollen schien, der Zuwendung zu den kirchlichen Neuerungen. Ein tätiges Eintreten in einen Kampf gegen diese Bewegung, um das noch Erhaltene zu verteidigen und das bereits Verlorene zurückzuerobern, wie es jetzt vor allem von dem neu hereingekommenen Jesuitenorden ausging, mußte dabei wie eine unliebsame Störung angesehen werden. Daher nun eben auch die vielfache scharfe Gegnerschaft gegenüber der von so gewaltiger Energie erfüllten Restaurationspolitik eines Julius Echter, wobei natürlich auch die vielfachen Gegensätze zwischen Bischof und Domkapitel in politischen Fragen noch weiter hinzukamen.

Wie es in den Kreisen des Klerus bestellt war, bei der Weltgeistlichkeit wie in der Klosterwelt, sodann bei der Ritterschaft, sowie innerhalb der städtischen Bevölkerung, darüber sprechen zahlreiche zeitgenössische Berichte eine so beredte Sprache, daß es einer weiteren Erörterung hierüber kaum mehr bedarf. Die vielfach sehr hartnäckigen schweren Kämpfe, wie sie Julius mit diesen verschiedenen Elementen zu bestehen hatte, und auf der anderen Seite die heftigen lauten Anklagen, wie sie gegen ihn erhoben worden sind, bilden den besten

---

äußert Nuntius Gropper in seinem interessanten Bericht über die Würzburger Verhältnisse vom 26. September 1573, in: Nuntiaturkorrespondenz K. Groppers a. a. O. Bd. V, S. 407 ff.

Beleg dafür, wie weit die ganze Abfallbewegung bereits gediehen war. Schon gelegentlich der von Friedrich von Wirsberg geführten Verhandlungen wegen Einführung des Jesuitenordens wurden diese Zustände mit den lebhaftesten Farben geschildert. Geradezu als verzweifelt bezeichnete der vom Fürstbischof an Peter Canisius abgesandte Domdekan Dietrich von Hutten die Lage im Hochstift, so daß daraufhin Peter Canisius in einem Schreiben an seinen Ordensgeneral Laynez äußern konnte, wie er höre, habe der Klerus in Stadt und Stift Würzburg kaum noch einen Schein von Frömmigkeit, die Gemüter seien völlig verwildert, die Häresie habe den Katholiken wenig übrig gelassen. Und einige Jahre später äußerte er gelegentlich, der Klerus sei mehr soldatisch als geistlich und dem Laster ergeben. — — — Von Klerus und Volk scheine ein schwerer Kampf bevorzustehen, mehr als irgendwo in Deutschland. — — — Der Bischof verlange viel von ihnen wegen der großen Not seiner Kirche, „da viele Pfarrer zum Ärgerniß des Volkes abfallen". Überaus schlimme Zustände müssen in den Klöstern, besonders in den weiblichen, vielfach geherrscht haben, so daß Julius ein scharfes Eingreifen gerade da zu einem Hauptgegenstand seiner Reformarbeit machte.

Bei dem vielfachen Übertritt aus den Kreisen der Ritterschaft zur Reformation mögen wohl die Grenzen religiöser und politischer Opposition gegen die fürstbischöfliche Gewalt vielfach nicht mehr scharf geschieden worden sein; eines ging unwillkürlich in das andere über. Häufig hatte man hochstiftische Gebietsteile an Adlige verpfändet, und solche verpfändete oder als Lehen vergabte Ländereien waren dann in der Regel auch der Reformation zugeführt und mit protestantischen Amtmännern versehen worden. Daraus entstanden aber nur allzuleicht Streitigkeiten verschiedenster Art und ebenso auch daraus, daß viele Pfarreien und Benefizien durch adlige Patrone zu besetzen waren, wogegen dann nach den Bestimmungen des Augsburger Religionsfriedens der bischöflichen Amtsgewalt kein weiteres Eingreifen mehr übrig blieb, wenn man solche Pfründen mit evangelischen Prädikanten besetzt hatte. Gerade daraus sind dann nur um so mehr die Bemühungen Julius Echters zu erklären, durch Wiedereinlösung verpfändeter Gebiete und Einziehung von erledigten Lehen den Bestand der Stiftslande wieder möglichst zu festigen, um eben dann auf diesem Wege auch das katholische Bekenntnis hier wieder sichern zu können.

Wie sodann die Zustände in der Bevölkerung der Städte, insbesondere in der Bischofstadt Würzburg selbst waren, geht am besten aus den zähen Kämpfen hervor, wie sie Julius gerade auch nach dieser Seite hin, vor allem mit dem Würzburger Stadtrat aufgenommen und durchgeführt hat. Sehr wertvolle Einblicke in diesen ganzen vorgefundenen Zustand gewährt unter anderem auch der Diözesanbericht[1]), den Julius im Jahre 1590 den Abgesandten, die an seiner Stelle den vorgeschriebenen Besuch der limina apostolorum in Rom machen sollten, mitgegeben hatte. Man kann nur bedauern, daß keine weiteren solchen Berichte aus der Juliuszeit vorhanden sind.

Wie sich die Zukunft des Würzburger Hochstifts gestalten werde, war als eine Sache von großer Bedeutung anzusehen. Nach den Metropolitansitzen galt Würzburg als eines der ersten und angesehensten Bistümer im Reiche; schon seine Lage im Herzen Deutschlands mußte ihm eine gewisse bevorzugte Stellung sichern. Ob nun dieser so wichtige Bischofsitz auf der katholischen Seite verbleiben oder dem Protestantismus sich zuwenden würde, das konnte leicht seine entsprechende Rückwirkung auf andere äußern[2]), zunächst innerhalb der fränkischen Lande, vor allem auf das benachbarte Bamberg, wo die Zustände womöglich noch zweifelhafter erscheinen mußten als in Würzburg. Eben darum war es von um so größerer Bedeutung für die katholische Sache in Deutschland, daß mit der Gegenreformation gerade die fränkischen Bistümer vorangegangen sind, an erster Stelle Julius Echter in Würzburg[3]).

Mit strengem Vorgehen gegen den schon lange in den Kreisen des Klerus eingetretenen moralischen Verfall, mit einer Besserung von innen heraus, hatte Julius schon alsbald, wie von verschiedenen Seiten geäußert wird, sein umfassendes Reformwerk begonnen. Wie er bald nach seiner Konsekration in Würzburg selbst auftrat, davon gibt unter anderem die Ganzhornsche Chronik eine kurze drastische Schilderung. Er habe die Dekane der vier Würzburger Kollegiatstifte und etliche der ältesten Kapitulare auf seine Kanzlei berufen, um ihnen mitzuteilen, wie sein bischöfliches Amt es mit sich bringe, den Klerus zu

---

[1]) Auf diesem Diözesanbericht beruht die oben angeführte Abhandlung von Dr. J. Schmidlin, soweit sich dieselbe auf das Bistum Würzburg bezieht.

[2]) „Nobilis iste Franconiae episcopatus et ducatus, ex cujus conservatione potissima superioris Germaniae salus dependet," äußert Nuntius Gropper in dem vorhin zitierten interessanten Bericht vom 26. September 1573.

[3]) Dr. Schmidlin a. a. O. S. XLIV.

reformieren und den verbotenen Konkubinat abzuschaffen, da notorisch und täglich mit großem scandalo solche Dinge zu beobachten seien. Deshalb wollte er den Anwesenden empfohlen haben, daß jedes Stift seinen Kanonikern und Vikaren auferlege, alle zweifelhaften Frauenspersonen außer Haus zu schaffen. Diese erste ernste Mahnung, die schon zeigen konnte, welche Wege würden eingeschlagen werden, scheint zunächst mehrfach nicht beachtet worden zu sein, und da bei etlichen keine „Privatadmonition" half, wurde eines Tages eine solche Frauensperson auf dem Markte ergriffen, zuerst ins Narrenhaus, dann ins Stockhaus verbracht und aus der Stadt verwiesen. Ein solches Vorgehen rief nun doch großen Schrecken hervor; die betreffenden Personen wurden darauf fortgeschickt oder wenigstens verborgen gehalten; in einem Falle soll die wachgerufene Erregung zu einem Selbstmord geführt haben. Die gutgesinnten Bürger, heißt es in einem anderen Bericht, freuten sich darüber; die, die nicht katholisch seien, erklärten es für gerecht, daß so gegen die sehr üblen Sitten des Klerus vorgegangen werde[1]).

Bei aller Entschlossenheit und Strenge, wie sie Julius von Anfang an in grundsätzlichen Fragen zeigte, bildet doch einen charakteristischen Zug in dieser seiner Reformarbeit die große Behutsamkeit, wie er sie besonders in den ersten Jahren an den Tag legte. Nicht in blindem Eifer mit Feuer und Schwert ist er dabei zu Werke gegangen, sondern viel mehr beobachtend, den Boden und die Verhältnisse prüfend, mit denen man rechnen mußte. Und der Schwierigkeiten gab es nicht wenige, mit denen wohl oder übel gerechnet werden mußte. Wenn auf der einen Seite mit aller Strenge gegen die üblen Sitten der Kleriker vorgegangen wurde, so durfte doch auch nicht zu dem Mittel gegriffen werden, alle derartigen Persönlichkeiten einfach zu entfernen. Da es vorerst an einem entsprechenden Nachwuchs noch fehlte, so würde man bei so radikalem Vorgehen für den Augenblick fast keine Kräfte mehr zur Verfügung gehabt und zweifelhafte Elemente nur um so sicherer den Gegnern in die Arme getrieben haben. Vorsichtig und stufenweise verfuhr er, und erst nachdem der Untergrund für seine ganze Machtstellung als besser gesichert erscheinen durfte, hat er dann auch eine gesteigerte Energie entwickelt.

[1]) Ganzhornsche Chronik, f. 231ʳ und 232. Siehe unter anderem auch den Bericht von Nik. Elgard, dem Vertreter des Nuntius Gropper, vom 23. August 1575 in der Nuntiaturkorrespondenz K. Groppers a. a. O. S. 305.

Auf diese Weise ist es erklärlich, wenn in Rom, wo Papst Gregor der Dreizehnte den deutschen Kirchenverhältnissen eine besonders lebhafte Aufmerksamkeit widmete, von dem neuen Würzburger Bischof, von dem man so Vorteilhaftes gehört hatte, nun alsbald bedeutendere Taten erwartet wurden, zumal Julius selbst alle wünschenswerten Zusagen gegeben hatte. Daher nun eine gewisse Ungeduld und dementsprechende Mahnungen; eine Diözesansynode sollte möglichst bald gehalten und ein Seminar im Sinne der Trienter Beschlüsse errichtet werden. Wiederholt gab man dem Nuntius Gropper und dessen Gehilfen Elgard solche Aufträge mit auf den Weg[1]), wenn auch dabei nicht unterlassen wurde, Lobsprüche auf den Bischof und gute Hoffnungen für sein weiteres Wirken beizufügen, und gelegentlich war doch auch einmal von dem häufig gut beobachtenden Elgard eine gewisse Besorgnis geäußert worden, ob Julius nicht mit zu großem Eifer zu vieles beginne[2]). Mit welchen Schwierigkeiten dabei unter allen Umständen gerechnet werden mußte, vor allem dem Domkapitel gegenüber, davon hatte man offenbar gar nicht die nötige Kenntnis und klare Vorstellung. Daß unter solchen Umständen dann auch kurzsichtige Heißsporne, zumal wenn sie sich etwa persönlich verletzt glauben mochten, scharfe Anklagen gegen das ganze System in Würzburg erhoben, ist nur um so leichter erklärlich[3]).

In Wirklichkeit hatte Julius keinen Augenblick diesen vor allen anderen wichtigen Teil seiner Aufgabe aus dem Auge verloren, ohne sich aber durch solche Äußerungen der Ungeduld beeinflussen zu lassen. Nach einem wohlausgedachten großzügigen System ist er hier zu Werke gegangen. In umfassendster Weise sollte zunächst einmal nach einem bestimmten Plan mit Hilfe der äußeren Verwaltungsorgane eine vollständige Erkundung aller vorhandenen Zustände durchgeführt werden. Es ist in dieser Hinsicht hochinteressant, die in dem Archiv des Würzburger bischöflichen Ordinariats mit der Aufschrift „Geistliche Mängel"

---

[1]) Siehe unter anderem Nuntiaturkorrespondenz K. Groppers a. a. O. S. 226 f., 242, 355. Vergleiche auch Wegele a. a. O. Bd. I, S. 165.

[2]) Nuntiaturkorrespondenz K. Groppers a. a. O. S. 329.

[3]) Ein interessantes derartiges Beispiel hat Dr. S. Merkle zur Kenntnis gebracht in seiner Abhandlung: „Eine Klageschrift gegen Fürstbischof Julius Echter von Mespelbrunn aus dem Jahre 1575. Zugleich ein Beitrag zur Charakteristik des fränkischen Gelehrten Lorenz Albert", im Archiv des Historischen Vereins von Unterfranken und Aschaffenburg, Bd. XLI, S. 263 ff.

versehenen Bände durchzusehen¹). Für alle einzelnen Ortschaften wird darin angegeben, was über die Ortsgeistlichen und ihren Wandel, über etwa vorhandene Klostergeistlichkeit, über die Verhältnisse in der Bevölkerung, sodann über den Zustand der Kirchen, der Pfarrhäuser, der vorhandenen Paramente usw. bemerkenswert erscheint. In drastischer, mitunter beinahe humorvoll wirkender Weise werden hier die vorgefundenen Zustände gekennzeichnet, zum Beispiel „parochus gut, Pfarrhaus bös; parochus zänkisch" und dergleichen. Auf Grund dieses gesammelten Materials ergingen dann eben die Bescheide, um Besserung vorhandener Schäden zu bewirken²).

Einer so umfassenden Feststellung der Zustände in der Diözese, die vor allem die negativen Seiten im Auge hatte, folgte sodann als positiver Teil des Reformwerks eine neue Gesetzgebung in Gestalt der 1584 erlassenen „Statuta ruralia", ein umfangreicher vollständiger Pastoralunterricht, wie das eben den nunmehrigen Bedürfnissen und Anforderungen, vor allem im Hinblick auf die Trienter Dekrete entsprach. Die Priester seien das Licht der Welt, so wird in der Einleitung ausgeführt, das des Lasters und des Irrtums Finsternis vertreiben und des Menschen Geist erleuchten soll mit der Wahrheit Glanz. Sie seien das Salz der Erde, aber die meisten Pfarrer und Kleriker seien so geschmacklos geworden, daß sie in Lehre und Wandel kein Korn Salz mehr aufzuweisen hätten; die Kraft der Würze für andere hätten sie verloren und würden deshalb aus dem Rang und der Verehrung ihrer Würde verdrängt und für die verächtlichsten Menschen in dieser Welt angesehen. Deswegen solle nun eben eine innere und äußere Reorganisation der Diözese durchgeführt werden. Als ein Hauptmittel hierzu wurden von Julius die Landkapitelversammlungen angesehen, die eben hier eine Neugestaltung bekommen sollten, woran sich dann eine treffliche Pastoralinstruktion für den Klerus nach den verschiedenen Richtungen seines Wirkens anschloß. Von der Gottesverehrung im allgemeinen war darin gehandelt, von den Sakramenten und Sakramentalien, von Fasten und Gebet, von

---

¹) Für die gütige Gewährung der Benutzung sei hier dem hochw. bischöflichen Ordinariat bestens gedankt.

²) In die Art der Ausführung gewährt interessante Einblicke die Abhandlung von Dr. A. L. Veit, „Unter Fürstbischof Julius. Expedienda der fürstbischöflich Würzburgischen geistlichen Kanzlei in den Jahren 1594—1597", im Archiv des Historischen Vereins von Unterfranken und Aschaffenburg, Bd. LIX, S. 117 ff.

der Predigt, von dem Altar und dessen Ausstattung und endlich von der Lebensführung der Geistlichen und ihren Einkünften. Im Jahre 1589 folgte dann noch in deutscher Sprache eine „Satzung und Ordnung, wie es bei den Pfarrern mit dem Gottesdienst und Kirchenministerium soll gehalten werden", worin nochmals das gesamte Wirken der Geistlichkeit nach seinen verschiedenen Seiten hin genau behandelt wird. Diese Pastoralgesetzgebung, wie sie in diesen beiden großen Erlassen[1]) enthalten ist, bildete dann die Grundlage für alle späteren Kirchenordnungen. In gewissem Sinn ergänzend kam dann noch die Neubearbeitung und Neuausgabe der verschiedenen liturgischen Bücher hinzu[2]).

Um der zu neuem Leben zu erweckenden Seelsorge auf dem Lande eine verbesserte Gestaltung zu geben, erfolgte die Errichtung einer Reihe von neuen Pfarreien, sowie mehrfach Zuweisung von Filialorten an näher und besser gelegene Pfarreien[3]).

Eine der vornehmsten Grundbedingungen für das ganze Reformwerk bildete natürlich die Gewinnung der heranwachsenden Generation, ihre Erziehung und Ausbildung in diesem Geiste. Was Julius Echter auf diesem Gebiete schuf, steht aber in einem so engen Zusammenhang mit seinen zwei großen Hauptschöpfungen, dem Juliushospital und der Universität, daß es in den Abschnitt, der davon handeln soll, verwiesen sein möge.

Nur mangelhafte Unterstützung und dabei häufig offenen Widerstand erfuhr Julius bei vielen seiner Maßnahmen von der ihm zunächst stehenden Körperschaft, dem Domkapitel. Nur um so mehr mußte er auf die Beihilfe anderer Organe bedacht sein. Tüchtige Hilfskräfte fand er an seinen Weihbischöfen Anton Rescius und Eucharius Sang, an den Generalvikaren Michael Suppan und Georg Schweickard[4]), sowie durch Schaffung eines mit tauglichen und ge-

---

[1]) Herausgegeben sind dieselben bei Dr. Fr. X. Himmelstein, Synodicon Herbipolense. Würzburg 1855. S. 321 ff. Vergleiche hierzu die Abhandlung von Dr. J. Krieg, „Julius Echter und der Klerus" in der „Festschrift", S. 101 ff.

[2]) Vergleiche Dr. O. Braun, „Die Würzburger Liturgie unter Fürstbischof Julius" in der „Festschrift", S. 87 ff.

[3]) Vergleiche Dr. A. Amrhein, „Fürstbischof Julius Echter von Mespelbrunn, der Reformator der Pfarreien" in der „Festschrift", S. 127 ff.

[4]) Vergleiche hierzu die Geschichte der Weihbischöfe und der Generalvikare von Dr. N. Reininger in Bd. XVIII und XXVIII des Archivs des Historischen Vereins von Unterfranken und Aschaffenburg.

lehrten Männern besetzten Geistlichen Rates. Die wichtigste und mächtigste Unterstützung wurde ihm aber doch von dem neuen, aus dem Geiste der katholischen Restaurationsbewegung erwachsenen Orden der Jesuiten zuteil. Unter Friedrich von Wirsberg hatten 1567 nach Überwindung von vielen anfänglichen Schwierigkeiten die Jesuiten, die man besonders für Predigt und Unterricht begehrte, in Würzburg Eingang gefunden, und in den Räumen des früheren, mit päpstlicher Genehmigung eingezogenen St. Agnetenklosters hatte man die Stätte für ein Kollegium gewonnen. Daß sich dann unter Julius Echter diese ihre Stellung noch wesentlich befestigte und erweiterte und sie während seiner Regierung vielfache Gunst und Auszeichnung empfingen, dafür fehlt es nicht an Belegen verschiedenster Art; man fasse doch nur ins Auge, welche Rolle sie bei Gründung der Universität spielten. Nur darf man dabei nicht glauben, der Fürstbischof sei ein willenloses Werkzeug in ihren Händen gewesen, es hat vielmehr in dem beiderseitigen Verhältnis auch an Trübungen keineswegs gefehlt[1]). Julius, eine autokratisch veranlagte Natur, war nicht frei von gelegentlichen Anwandlungen einer gewissen Rücksichtslosigkeit und Gewalttätigkeit, so daß man in den Briefen von Ordensmitgliedern aus dieser Zeit nicht selten bitteren Klagen in diesem Sinne begegnen kann. Beschwerden, die man an ihn brachte, mußten mitunter eine sehr ungnädige Aufnahme erfahren, und Zurückhaltung mit den Geldmitteln, wie er sie gerne zeigte, scheint auch da mitgespielt zu haben. Vor allem hat es sich bei solchen zeitweilig scharfen Meinungsverschiedenheiten um die Frage wegen des nötigen Raumes für die Seminarpläne des Fürstbischofs gehandelt, wobei das Anwesen der Jesuiten mit in Frage kam, und gerade in dieser Sache, in der Julius schon mit so viel Widerstand von anderer Seite zu kämpfen hatte, ist eine gesteigerte Gereiztheit bei ihm um so leichter zu erklären. Als ein anderer Hauptgrund des zeitweiligen Unmuts wird die gegnerische Haltung der Jesuiten in dem Kampfe, den Julius wegen des Stiftes Fulda aufgenommen hatte, genannt, und da diese Angabe von einem sehr angesehenen Ordensmitglied, P. Oliver Manare, stammt, verdient sie jedenfalls Beachtung. Aber im großen und ganzen war doch die

---

[1]) Vergleiche darüber Dr. C. Braun, Geschichte der Heranbildung des Klerus in der Diözese Würzburg, Bd. I, S. 289 ff., 337 ff.; B. Duhr, S. J., a. a. O. Bd. I, S. 125 ff.

damalige Stellung des Ordens in Würzburg eine angesehene und mächtige, und wenn schließlich P. Christoph Marianus, der wenigstens längere Zeit dem Orden angehört hatte, in seiner Dichtung „Encaenia et Tricennalia Juliana" einen schwungvollen Panegyrikus auf Julius lieferte, so ist doch wohl anzunehmen, daß er damit der auch in diesen Kreisen vorherrschenden Stimmung über diesen Kirchenfürsten Ausdruck gegeben hat, wie ja auch sonst von der nämlichen Seite her mit großen Lobsprüchen auf ihn nicht zurückgehalten wurde.

Erscheint durch diesen der jüngsten Zeit entstammten Orden der nunmehr erwachte Restaurationseifer in ganz besonderem Maße vertreten, so boten die Klöster der älteren Orden vielfach ein ganz anderes Bild, bei dem weitgehender Verfall und Verwilderung das vorherrschende Merkmal bildeten. Julius, der bei seinen offiziellen Erkundungen gerade auch diesen Zweig des kirchlichen Lebens berücksichtigt, ließ kein Mittel unversucht, auch hier, wenn es nötig schien, mit unerbittlicher Strenge einzugreifen. An Schwierigkeiten hat es dabei nicht gefehlt, wie ja schon aus dem grundsätzlichen Streben der Orden und ihrer Obrigkeiten nach möglichster Selbständigkeit gegenüber Eingriffen der Episkopalgewalt leicht zu erklären ist. Von welcher heiklen Art diese Verhältnisse mitunter waren, zeigte sich bei seinen Bemühungen zu einem bessernden Eingreifen in dem reichsten angesehensten Kloster seines Sprengels, in der Zisterzienserabtei Ebrach. Aus einem Berichte des Nuntiaturvertreters Nik. Elgard fällt auf Grund einer Unterredung desselben mit Julius grelles Licht auf diese damaligen Zustände. Auch hier vielfacher Verfall. Ein erster Versuch, den schon Melchior von Zobel hatte machen wollen, war damals erfolgreich vereitelt worden durch ein größeres Gelddarlehen, das diesem Fürstbischof gemacht wurde; ein zweifelhafter Erfolg, auf den man sich aber, als Julius für die dortigen reichen Mittel wenigstens eine würdigere Verwendung — etwa für Unterrichtszwecke — erzielen wollte, wie auf einen förmlichen Vertrag berief, und Julius mußte fürchten, bei schrofferem Auftreten die Protektion über das Kloster etwa ganz zu verlieren. Erst ein Vorschlag Elgards, wonach Julius nicht als Diözesanbischof, sondern als apostolischer Delegat gemäß den Bestimmungen des Trienter Konzils vorgehen sollte, eröffnete dann die Aussicht auf eine neue Möglichkeit zum Eingreifen[1]).

---

[1]) Nuntiaturkorrespondenz K. Groppers a. a. O. S. 329 f.

Wenn auf solche Weise bei Klöstern der älteren Orden der reichere Besitzstand oft eine gefährliche Klippe bildete, so wandte Julius gelegentlich um so mehr den Häusern der Mendikantenorden seine Gunst zu. In drei Fällen hat sich das gegen Ende seiner Regierung deutlich gezeigt, so bei der mit großer Freigebigkeit bezüglich der Bauten durchgeführten Erneuerung des Franziskanerklosters zu Dettelbach und des Minoritenklosters in Würzburg und weiterhin bei der 1616 betätigten Neugründung eines Kapuzinerklosters in Würzburg, womit er nun auch diesen ebenso durch die Strenge seines Wesens wie durch große Volkstümlichkeit hochangesehenen Orden in sein Bistum eingeführt hatte; ein Mittel, durch das jedenfalls auch der religiöse Sinn weiterer Bevölkerungskreise anregend beeinflußt werden sollte, wie auch durch Errichtung und Förderung von Bruderschaften, vor allem der Marianischen Kongregation.

Übel und ärgerlich waren vielfach die Zustände in den Frauenklöstern. Sowohl hierfür, wie auch für die Art und Weise eines erfolgreichen Eingreifens durch Julius möge auf das Zisterzienserinnenkloster Himmelspforten bei Würzburg als ein besonders lehrreiches Beispiel hingewiesen sein[1]). War der Verfall schon gar zu weit vorgeschritten und förmliche Verödung eingetreten, so schlug er wiederholt den Weg ein, mit päpstlicher Genehmigung die Mittel solcher Klöster für caritative oder Unterrichtszwecke zu verwenden.

Auf allen diesen angedeuteten verschiedenen Wegen hat also Julius Echter eine Heilung des eigenen Kirchenwesens von den vorgefundenen schweren Gebrechen und seine Neubelebung zu bewirken versucht. Aber damit allein konnte das Ziel, das bei dieser ganzen Arbeit doch als letztes und höchstes ins Auge gefaßt war, die Wiederherstellung eines einheitlichen Kirchenwesens, nun und nimmer erreicht werden, denn von zu langer Zeit her und in zu weitem Umfang hatte sich bereits der Abfall von diesem Kirchenwesen vollzogen. Schon ein paar Menschenalter waren darüber hingegangen, und die unter solchen Anschauungen herangewachsene neue Generation zu gewinnen, war sicher eine keineswegs leichte Aufgabe; mit Predigt und Überredung allein war hier jenes Ziel kaum zu erreichen. Es kann daher nicht

---

[1]) Siehe die eingehende Darstellung dieser Verhältnisse von Dr. J. B. Stamminger in der von ihm herausgegebenen „Franconia sacra. Geschichte und Beschreibung des Bistums Würzburg. Die Pfarrei zu St. Burkard in Würzburg", S. 141 ff.

Wunder nehmen, wenn aus dem Geiste jener kampferfüllten Zeit heraus noch ein anderer Weg, der einer gewaltsamen Zurückführung der Abgefallenen, eingeschlagen wurde. Man darf wohl annehmen, daß Julius Echter den ersteren, den friedlichen Weg, vorgezogen haben würde; aber ebenso ist zweifellos, daß er auch ohne Bedenken den anderen einschlug, wenn kein anderes Mittel mehr übrig zu bleiben schien. Mit Anwendung einer Strenge, die sich auch bis zu rücksichtsloser Härte steigern konnte, hat er in verhältnismäßig wenigen Jahren die völlige Gegenreformation seines Hochstifts erfolgreich durchzuführen gewußt. Er ist dadurch eine der markantesten Erscheinungen in der Geschichte jener Zeit geworden, und es ist leicht begreiflich, wenn von seiten seiner Gegner früher und später laute und scharfe Anklage gegen ihn erhoben worden ist. Hierfür möge nochmals auf das verwiesen sein, was am Eingang dieses Abschnitts über den Geist jener Zeit im allgemeinen bemerkt wurde.

Schon von Anfang an griff Julius gelegentlich zu dem Mittel einer gewaltsamen Entfernung lutherischer Elemente aus öffentlichen Stellungen, aber in größerem Umfang ist es dazu doch erst seit Mitte der achtziger Jahre gekommen. Das war nicht ohne einen tieferen Grund. Er ist in der damaligen weiteren Entwicklung der großen Zeit- und Streitfragen zu suchen.

Der Augsburger Religionsfriede des Jahres 1555 hatte das seither strittige Verhältnis der beiden großen Kirchenwesen auf die Grundlage eines friedlichen Ausgleichs bringen sollen. Allein schon bei den damaligen Verhandlungen zeigte sich, wie wenig Hoffnung für einen wirklichen Frieden bestand. Um eine leicht in Aussicht stehende weitere Abwendung geistlicher Fürstentümer von der katholischen Sache zu verhüten, hatte man von dieser Seite den „geistlichen Vorbehalt" ausgesprochen. Dagegen protestierten aufs lebhafteste die evangelischen Stände und rangen dem Kaiser Ferdinand dem Ersten eine „Deklaration" ab, wonach auch in katholischen Ländern diejenigen, die schon länger den kirchlichen Neuerungen anhingen, darin unangefochten bleiben sollten, wogegen nun von katholischer Seite entschiedener Widerstand sich erhob. Der Widerstreit um diese beiden Zugeständnisse „Vorbehalt" und „Deklaration" hat dann die nächsten Jahrzehnte erfüllt. Die Reichstage von Regensburg 1576 und von Augsburg 1582 führten aber doch insofern eine Wendung herbei, als bei der infolge dieser Gegensätze drohenden Verweigerung der dringend nötigen

Türkenhilfe Kurfürst August von Sachsen die Deklaration fallen ließ und durch diese Abwendung des angesehensten der evangelischen Stände dieselbe faktisch hinfällig wurde¹), ein Umstand von erheblicher Bedeutung für die Frage des Reformationsrechts. Dazu war noch der Sieg gekommen, den 1583 und 1584 die katholische Sache im Reich bei dem Kampf um das Erzstift Köln davongetragen hatte, ein Erfolg, der nicht verfehlte, auf dieser Seite das Gefühl der Zuversicht bedeutend zu heben.

Das waren Vorgänge, durch die gewiß auch Julius Echter sich ermutigt fühlen mochte, bald darauf sein Restaurationswerk mit aller Energie auf breiter Grundlage in Angriff zu nehmen²). Begonnen wurde mit Entfernung der protestantischen Lehrer und ihrer Ersetzung durch katholische, worauf die Entfernung der Prädikanten folgte. Mit großer Umsicht wurde sodann jede Gelegenheit wahrgenommen, die durch Ableben eines protestantischen Ratsherrn in den städtischen Ratskollegien eingetretenen Lücken mit Katholiken auszufüllen und Andersgläubige nicht mehr zu öffentlichen Ämtern zuzulassen, und weiterhin folgte dann als höchste Steigerung der Befehl zum Auswandern mit ziemlich kurzen Fristen und Erhebung einer Nachsteuer von den Gütern der Ausgewanderten. Eine wichtige Quelle für diese Vorgänge bilden Berichte und Korrespondenzen von Angehörigen des Jesuitenordens, unter anderem des Visitators Oliver Manare. Daraus ist zu ersehen, wie in den Jahren 1586 und 1587 vierzehn Städte und zweihundert Ortschaften zum Katholizismus zurückgebracht worden sind; vor allem Karlstadt, Gemünden, Arnstein, Dettelbach, Volkach, Gerolzhofen, Haßfurt, Münnerstadt, Neustadt a. S., Fladungen und schließlich im März 1587 die Hauptstadt Würzburg selbst. Julius hatte zu diesem Zweck die Bürgermeister und den Stadtrat vor sich beschieden; vier, die sich als unerschütterliche Anhänger der neuen Lehre erwiesen, wanderten aus, und auch der Stadtschreiber Valentin Wildmeister, dessen Entlassung schon 1585 gefordert worden war, wurde zuletzt vom Stadtrat nicht weiter mehr gehalten. Kommissionen hatten

---

¹) Auf die Bedeutung dieses Vorgangs für das Vorgehen von Julius Echter hat schon Fr. Stein, Geschichte Frankens, Bd. II, S. 77 sehr nachdrücklich hingewiesen. Vergleiche sodann Dr. A. Hofmann, „Julius Echter und das Reformationsrecht" in der „Festschrift", S. 117 ff.

²) Vergleiche hierzu Dr. J. Schmidlin, a. a. O.; B. Duhr, S. J., a. a. O. S. 486 ff.

dann in jedem Stadtviertel und in jeder Pfarrei die Einzelnen zu verhören. Mehrfache Auswanderung, besonders von wohlhabenderen bürgerlichen Familien war die Folge; sie fanden in den benachbarten markgräflichen Gebieten und in den Reichsstädten Schweinfurt und Nürnberg eine neue Heimat. Aber im großen und ganzen war doch die Zahl der Zurückgeführten eine sehr bedeutende. Schon im Sommer 1586 konnte der vorhin genannte Manare in einem Schreiben äußern, wie erstaunlich die Umwandlung dieser Diözese sei, kaum ein Sechstel sei noch protestantisch. Dabei wird erwähnt, wie die Zurückgekehrten es an Eifer mitunter den anderen noch zuvortäten, und nur darüber geklagt, wie wenige Kräfte für die Seelsorge verfügbar seien; ein einziger Pfarrer müsse mitunter bis zu zehn weit entfernte Pfarreien verwalten. Bei dieser ganzen Tätigkeit war Julius in eigener Person in hervorragender Weise mitbeteiligt; mit Bitten, mit ernsten Mahnungen und mit Drohungen ist er vorgegangen, und gern hat er selbst den Wiedergewonnenen die Kommunion gespendet. Unter den Jesuiten, die mittätig waren, ist als besonders hervorragende Kraft der bischöfliche Hofprediger P. Gerard Phyen zu nennen.

Daß einem so erfolgreichen Eifer gegenüber nicht nur von seiten der unmittelbar Betroffenen, sondern auch von Angehörigen der Augsburgischen Konfession in weiterem Umfang laute Beschwerde und Anklage sich erhob, ist leicht begreiflich. So beschwerten sich im Juli 1587 die Kurfürsten von Sachsen und Brandenburg und Landgraf Wilhelm von Hessen bei Kaiser Rudolf dem Zweiten über Bischof Julius, „der dem Religionsfrieden zuwider in seinem Stift, besonders zu Münnerstadt die Angehörigen der A. C. ihrer Gerechtigkeit entsetze und sie von ihren Gütern vertreibe"[1]. Aber Julius, der nicht übereilt an dieses ganze Werk herangetreten war, hat sich in keiner Weise dadurch beeinflussen lassen. Daß er dabei für seine Person nicht etwa von blindem Fanatismus beherrscht war, kann unter anderem wohl daraus ersehen werden, daß er zeitweilig auch Kräfte aus dem anderen Heerlager in seinen Diensten hatte, wie den Leibarzt Joh. Posthius und den Bildhauer Michael Kern.

Das von dem Würzburger Fürstbischof angestrebte Ziel konnte

---

[1] Nuntiaturberichte aus Deutschland 1585—1590, I, 1 in: Quellen und Forschungen aus dem Gebiete der Geschichte, herausgegeben von der Görresgesellschaft, Bd. IV, S. 332.

schließlich nach Überwindung der verschiedensten Hindernisse und Widerstände als vollkommen erreicht gelten: er hatte sein Hochstift wieder ganz für den Katholizismus zurückgewonnen. Bei einem Durchblättern der wiederholt schon angeführten Kalendereinträge des Würzburger Bürgers Jakob Röder läßt sich deutlich beobachten, welche Macht auf die Gemüter in weiteren Kreisen der Bevölkerung gerade während der späteren Zeiten dieser Regierung die Veranstaltung religiöser Übungen, glanzvoller Prozessionen, kirchlicher Neubauten usw. ausübte.

Daß eine solche Persönlichkeit nach solchen Erfolgen sich des größten Ansehens in der ganzen katholischen Welt erfreuen konnte, ist leicht begreiflich. Es hatte sicher mehr zu bedeuten als eine bloße Artigkeitsphrase, wenn Papst Sixtus der Fünfte in einem Schreiben vom 12. August 1586 dem Würzburger Bischof die Worte widmete: „Perge igitur magno animo, ut coepisti"[1]), und gern hätte der glaubenseifrige Herzog Wilhelm der Fünfte von Bayern ihm die Ehre des Purpurs erwirkt, wie sie schon länger einem anderen hervorragenden Führer dieser katholischen Restaurationsbewegung, dem Augsburger Bischof Otto Truchseß von Waldburg zuteil geworden war. Allein Julius glaubte damals (1591) aus gewissen politischen Gründen abwinken zu sollen; er verwies auf die zahlreiche Gegnerschaft, mit der er in der Heimat zu rechnen habe, die dadurch nur noch eine weitere Steigerung erfahren könnte[2]). Persönlicher Ehrgeiz war dabei ohnedies für ihn nicht bestimmend.

Nicht unerwähnt soll in diesem Zusammenhang bleiben, wie Julius im Jahre 1582 nahe daran war, den ersten Bischofstuhl des Reiches, den Erzstuhl von Mainz, besteigen zu können. Als einer der ältesten der dort präbendierten Kanoniker hatte er sich zu dem durch den Tod des Erzbischofs Daniel Brendel von Homburg veranlaßten Wahltag begeben, und der erste Wahlgang vereinigte fünfzehn Stimmen auf seinen Namen, während neun dem Dompropst Wolfgang von Dalberg zufielen, so daß Julius Echter von seinen Wählern bereits als Erzbischof deklariert wurde. Allein der Widerspruch der Gegenpartei und deren Forderuug, daß der zu Wählende mindestens die doppelte Zahl der Stimmen des Gegenkandidaten haben müßte, brachte die Sache

---

[1]) Nuntiaturberichte aus Deutschland, in: Quellen und Forschungen aus dem Gebiete der Geschichte, herausgegeben von der Görresgesellschaft, Bd. X, S. 301.

[2]) Briefe und Akten zur Geschichte des Dreißigjährigen Krieges in den Zeiten des vorwiegenden Einflusses der Wittelsbacher, Bd. IV, S. 273.

ins Wanken, worauf am dritten Tage Julius seinem Gegner den Platz einräumte¹). Aber noch ein zweites Mal eröffneten sich dort in Mainz neue Aussichten, als durch den Tod des Erzbischofs Johann Adam von Bicken im Jahre 1604 der Erzstuhl erledigt war. Julius hatte sich wieder persönlich dorthin begeben, aber er blieb diesmal mit seiner Kandidatur dem Gegenkandidaten Johann Schweikhard von Cronberg gegenüber entschieden in der Minderheit. Es mag wohl sein, daß der scharfe Restaurationseifer, wie er ihn in der Zwischenzeit an den Tag gelegt hatte, diesmal manche gegen ihn bedenklich machte.

Daß Julius Echter, erfüllt von tiefster Überzeugung für die von ihm vertretene Sache, mit der ganzen Energie, deren seine reich beanlagte Natur fähig war, jene im Geiste der Zeit liegende Restaurationsbewegung aufgenommen und mit solchem Erfolg durchgeführt hat, darauf beruht seine eigenartige Bedeutung für jene Zeit der großen kirchenpolitischen Kämpfe²).

V.
Kampf um das Stift Fulda.

Schon wiederholt, sowohl bei Besprechung der Territorialverwaltung, wie auch der gegenreformatorischen Bestrebungen Julius Echters wäre Veranlassung gewesen, auf jenen Kampf Rücksicht zu nehmen, in den er sich bereits in den ersten Jahren seiner Regierung wegen des Stiftes Fulda eingelassen hatte³). Allein es handelt sich dabei um Vorgänge eigentümlichster Art; Fäden laufen hier zusammen, die auf ganz verschiedene Ausgangspunkte zurückzuführen sind, so daß es als nicht un-

---

¹) Ganzhornsche Chronik f. 236.
²) Von den Schilderungen seines Wesens und Wirkens in neueren Werken über die Geschichte dieser Zeit sei hier nur verwiesen auf: Moritz Ritter, Deutsche Geschichte im Zeitalter der Gegenreformation, Bd. I, S. 624 ff. (in: Bibliothek deutscher Geschichte, herausgegeben von H. v. Zwiedineck-Südenhorst) und Joh. Janssen, Geschichte des deutschen Volkes seit dem Ausgang des Mittelalters, Bd. V, S. 215 ff.
³) Für diese Fuldaer Händel sei vor allem auf die Abhandlung von Hermann Freiherrn von Egloffstein, Fürstabt Balthasar von Dermbach und die katholische Restauration im Hochstifte Fulda. München 1890, verwiesen, worin diese verwickelten Verhältnisse ebenso gründlich als objektiv behandelt sind.

gerechtfertigt erscheinen darf, diesen Vorgängen einen besonderen Abschnitt zu widmen.

Groß war von früher Zeit her das Ansehen der Abtei Fulda gewesen. Reichsunmittelbar in der weltlichen Verwaltung ihres bedeutenden Territoriums, war sie in geistlicher Hinsicht in einer komplizierten Weise teils der Episkopalgewalt von Mainz und Würzburg untergeordnet, teils aber auch selbständig. Mit dem Würzburger Nachbarn war es schon von Jahrhunderten her wiederholt zu heftigen Zusammenstößen gekommen. Zu bedeutender Macht waren in dem Territorium von Fulda die Landstände gelangt; die Stiftsherren spielten sich gern als Mitregenten des Abtes auf, während die Ritterschaft nach reichsunmittelbarer, die Städte nach möglichst selbständiger Stellung strebten, und dabei hatte vor allem auch die Reformation weite Verbreitung, besonders in den Städten Fulda und Hammelburg, gefunden. In dieser ganzen Gestaltung der Dinge schien aber durch den 1570 zum Fürstabt erhobenen Balthasar von Dermbach ein gründlicher Umschwung eintreten zu sollen. Als ein noch in sehr jugendlichem Alter stehender Konvertit setzte er, und zwar mit eigenem leuchtenden Beispiel vorangehend, seine ganze Kraft daran, die stark gelockerte kirchliche Zucht beim Klerus neu zu beleben und die alte Kirche wieder zur Herrschaft zu bringen. Als ein Hauptmittel hierzu diente ihm die Berufung der Jesuiten, während gerade dadurch der Widerstand auf der anderen Seite nur einen neuen Ansporn erhielt. Anrufung auswärtiger Hilfe, wie man sie beiderseitig versuchte, verlieh diesen Fuldaer Händeln unwillkürlich eine gesteigerte Bedeutung. Die Stände suchten und fanden Rückhalt bei Kursachsen und vor allem bei den benachbarten hessischen Landgrafen, den Söhnen Philipps des Großmütigen, die darauf ausgingen, die Schirmvogtei in der Stadt Fulda zu gewinnen und wohl auch durch einen Herrschaftswechsel die Säkularisation des Stiftes herbeizuführen, während Abt Balthasar Hilfe bei Kaiser und Papst erbat. Angesichts der beständig fortgesetzten Bemühungen, die Gegenreformation weiter durchzuführen, schlossen aber die Fuldaer Landstände wiederholt sich zu Bündnissen zusammen, so zu Anfang des Jahres 1576.

In den auf solche Weise sich fortwährend verschärfenden Gegensatz und Kampf der Parteien wurde nun auch der Würzburger Nachbar hineingezogen, und zwar rief man ihn von beiden Seiten an. Abt Balthasar hatte aus guter Nachbarschaft und Freundschaft bei ihm um

Hilfe angesucht und ihn als Schiedsrichter gewünscht, wobei allerdings der Umstand schon einigermaßen mißtrauisch machen mußte, daß ihm Julius, um eine offene Empörung der Fuldaer Untertanen zu vermeiden, den Vorschlag machte, er solle abdanken und in eine Vereinigung der Stifte Würzburg und Fulda einwilligen, da ja die Würzburger Bischöfe bereits in einem Teile des Fuldaer Gebietes die Gerichtsbarkeit hätten. Von der gegnerischen Seite her hatten aber auch die Stiftskapitulare, die ohnedies sich schon ernstlich mit dem Gedanken trugen, Fulda zu einem eigenen Bistum erhoben zu sehen, ihre Aufmerksamkeit auf den Würzburger Fürstbischof gerichtet und mit ihm förmliche Unterhandlungen angeknüpft. Dabei war völlige Zurückführung in Religions- und Profansachen auf den Zustand vor Balthasars Regierungsantritt gefordert worden, für die Stände volle Freiheit und vor allem auch freie protestantische Religionsübung. Und Julius kam solchen Forderungen weit entgegen; nur gegenüber einer Einführung der neuen Lehre, wo ja doch seine eigenen Grundsätze auf diesem Gebiet mit ins Gewicht fallen mußten, zeigte er Bedenken und vermied schriftliche Zusagen. Ein gemeinschaftlicher Überfall auf den Fürstabt wurde sodann verabredet. Balthasar hatte sich nach seiner Stadt Hammelburg begeben, um auch da seine Restaurationspläne durchzuführen, aber ebendort fand sich dann eine entsprechende Truppenmacht der Verbündeten und dabei auch Julius in eigener Person zusammen. Abt Balthasar, überrascht und überwunden, mußte sich am 23. Juni 1576 zu einer Kapitulation herbeilassen; man hatte ihn genötigt, gegen eine gewisse Entschädigung seinem Stift zu entsagen, seine Untertanen des Eides zu entbinden und noch dazu dem Kaiser und den Reichsständen gegenüber dieses ganze Verfahren für rechtmäßig zu erklären.

Durch diese gelungene Überrumpelung war der Würzburger Fürstbischof Herr der Lage. Alsbald bestellte er eine neue Regierung unter weitgehender Berücksichtigung der dortigen ständischen Unabhängigkeit, und sein Streben war sichtlich vor allem darauf gerichtet, die Außenwelt von der Rechtmäßigkeit dieses ganzen Vorgehens zu überzeugen, insbesondere den einflußreichen Münchener Hof. Man glaubte darauf hinweisen zu dürfen, wie wichtig die Vereinigung der beiden Stifte im katholischen Interesse sei; die Besorgnis für das eigene Stift Würzburg sei dabei mitbestimmend. Sein eigener Wunsch sei auf einen Ausgleich zwischen Balthasar und dessen Untertanen gerichtet gewesen. Auf den dringenden Wunsch der dortigen Stände habe er die Ab=

miniſtration übernommen und Balthaſar habe freiwillig verzichtet. Warum dabei Waffengewalt zur Anwendung gekommen war, davon wurde allerdings nicht geſprochen. Auf dem bevorſtehenden Reichstag werde er ſich des weiteren darüber verantworten.

Herzog Albrecht der Fünfte von Bayern ließ ſich durch ſolche Darlegungen zunächſt wirklich gewinnen und übernahm die erbetene Fürſprache bei dem ihm befreundeten ſächſiſchen Kurfürſten, ſowie bei dem für den Regensburger Reichstag beſtimmten Kardinallegaten Morone. Aber Abt Balthaſar, der anſcheinend gelaſſen alles hingenommen hatte, war in Wahrheit weit entfernt von wirklicher Reſignation. Durch einen reitenden Boten ließ er an den Reichstag die Kunde von jenen Vorgängen übermitteln. Er entwich ſodann aus dem Machtbereich ſeiner Gegner und begab ſich unter den Schutz des Kurfürſten von Mainz, um nun von hier aus entſchiedenen Proteſt zu erheben und nach allen Seiten Schreiben über den wirklichen Sachverhalt zu richten. Für den Würzburger Fürſtbiſchof begann nun doch der ganze Handel eine nicht unbedenkliche Wendung zu nehmen. Von Kaiſer Max dem Zweiten, der ſonſt nicht allzuviel Hinneigung zu Balthaſar hatte, ergingen ſcharfe Mandate, letzteren als den einzig rechtmäßigen Herrn anzuſehen, während zugleich Papſt Gregor der Dreizehnte unter Androhung der Exkommunikation die Rückgabe des Stiftes forderte. Der geiſtlichen Kurfürſten wie auch des Herzogs Albrecht bemächtigte ſich ein wachſender Unmut; mußte man doch hören, wie in Fulda wieder Angehörige der Augsburger Konfeſſion in dortige Ämter zurückkehrten. Aber auch in proteſtantiſchen Kreiſen war die Stimmung zum mindeſten eine geteilte; wohl hatte man den Kurfürſten von Sachſen für Julius günſtig zu ſtimmen gewußt, während der bei der ganzen Sache nahebeteiligte Landgraf Wilhelm von Heſſen ſich von Unmut und Mißtrauen erfüllt zeigte; eine „papiſtiſche Praktik" glaubte er in dem Ganzen wittern zu ſollen, dahin zielend, dem Verlangen nach geſetzlicher Feſtlegung der Ferdinandeiſchen Deklaration durch den Reichstag die Spitze abzubrechen, und auch die Erhebung des niederen Adels gegen die Fürſten, wie ſie eben in der Haltung der Fuldaiſchen Ritterſchaft ſich zeigte, bildete für ihn eine unerfreuliche Erſcheinung.

Solchen ſchwierigen Strömungen gegenüber war aber Julius Echter durchaus nicht gewillt, etwa einfach vom Platze zu weichen. Entſchieden weigerte er ſich die kaiſerlichen Mandate auszuführen, bevor ein ordentlicher Richterspruch ergangen sei. Auch die Kapitulare und die Ritterschaft von Fulda blieben beharrlich. Durch eine neue kaiserliche Verfügung vom 5. Oktober 1576 wurde indessen Julius doch dazu angehalten, das Stift herauszugeben; es sollte unter kaiserliches Sequester gestellt werden, während dem Abte Balthasar der gebührende fürstliche Unterhalt zu gewähren sei; die Entscheidung solle am kaiserlichen Hofe von den streitenden Parteien gesucht werden. Aber damit hatte auch der ganze Handel in gewissem Sinne seinen Höhepunkt erreicht, um nun von da an, wie es so oft in solchen Fällen im alten Reiche zu ergehen pflegte, in ein zunehmendes Stocken zu geraten. So schon durch den bald darauf erfolgten Tod Kaiser Maximilians des Zweiten; denn der Nachfolger Rudolf der Zweite zeigte sich viel lässiger in dieser Streitsache. Ohne Ergebnis verlief eine Reihe weiterer Verhandlungen und Vermittlungsversuche, keine Partei wollte nachgeben. Im Frühjahr 1584 begann überhaupt erst ein förmliches Prozeßverfahren, das dann vor dem Forum des Reichshofrats sich beinahe zwei Jahrzehnte hindurch fortgeschleppt hat. Der endlich am 16. August 1602 erfolgte Richterspruch lautete unter Vernichtung der Hammelburger Kapitulation auf Wiedereinsetzung des Abtes Balthasar, während dem Würzburger Fürstbischof und den Fuldaer Ständen eine schwere Geldbuße auferlegt wurde. Wohl sprach Julius daraufhin von einem „unversehenen und beschwerlichen Urtl", aber in der Ausführung blieb es dann doch hinter der Strenge des Wortlautes zurück. Überhaupt, das große persönliche Ansehen, wie es sich Julius Echter im Verlaufe der Zeit in weiten Kreisen erworben hatte, bildete für ihn unwillkürlich eine gewisse Schutzwehr, die ihn gerade in diesem so bedenklichen Fuldaer Handel vor gar mancher schlimmeren Rückwirkung, die ihm sonst leicht hätte drohen können, glücklich bewahrte. Andererseits hatte er es auch wohl verstanden, die vielerlei Stockungen und Hindernisse, wie sie sich im Verlaufe des Prozesses eingestellt hatten, geschickt zu seinen Gunsten auszunützen. Unter Vermittlung der Jesuiten, die in der ganzen Sache viel mehr auf Seite des Fuldaer Abtes gestanden hatten, kam es dann noch zu einer Aussöhnung zwischen den beiden fürstlichen Nachbarn, und ein mit Balthasars Nachfolger, dem Abte Johann Friedrich, am 23. Mai 1613 aufgerichteter Vertrag hat den endgültigen Abschluß dieses ganzen Streites gebildet, der auf solche Weise zu einem ganz eigenartigen Begleiter für Julius Echter fast während der ganzen Dauer seiner langen Regierung geworden war.

Vergegenwärtigt man sich, wie die beiden Gegner, die diesen Kampf durchzufechten hatten, von Hause aus eigentlich ganz die nämlichen Ziele der Gegenreformation in ihren Landen anstrebten und durchführten, so muß es nur um so schwieriger erscheinen, den richtigen Schlüssel zum Verständnis eines solchen Vorgehens, wie es Julius Echter hier befolgt hatte, zu finden. Von einem gründlichen Kenner der Geschichte Frankens ist in neuerer Zeit einmal hierzu gesagt worden, daß der Gedanke einer bleibenden Union Fuldas mit dem Hochstifte Würzburg angesichts der von jeher streitvollen gegenseitigen Beziehungen zwischen Fulda und Würzburg und bei der augenblicklichen Lage der Abtei ein wirklich staatsmännischer und keineswegs ein bloß persönlicher Selbstsucht entsprungener Gedanke gewesen sei, der in dem Unionsvertrag vom 9. Februar 1576 seinen klaren und umsichtigen Ausdruck gefunden habe und dessen Verwirklichung zum Schaden weder Fuldas noch Würzburgs gewesen wäre[1]). Einem solchen für die dabei von Julius geübte Politik sehr günstigen Urteil wird man insofern unbedenklich beipflichten können, als zweifellos politische Gesichtspunkte, die Nachbarschaft und die vielen früheren Streitigkeiten der beiden Stifte dabei mit ins Gewicht fielen, und daß durch die Erwerbung von Fulda Würzburg nach Nordwesten hin eine ganz bedeutende Machtstellung gewonnen haben würde, steht ebenfalls außer Zweifel. Vielleicht dürften ein paar ähnliche Vorgänge, die sich zur selben Zeit an anderen Stellen abspielten, auf Julius nicht ganz ohne Einwirkung gewesen sein, indem nämlich der ihm ohnedies nahestehende Trierer Kurfürst Jakob der Dritte von Eltz die reichsunmittelbare Abtei Prüm mit seinem Erzstift in ständiger Personalunion vereinigt hatte, gleichwie dies wenigstens zeitweilig auch mit dem Hochstifte Lüttich und der Abtei Stablo-Malmedy der Fall war.

Aus einem Schreiben des Nuntiaturgehilfen Nik. Elgard vom 9. März 1575 ist zu ersehen, wie in Fulda erwogen wurde, ob das Stift nicht einem Bistum zu inkorporieren sei, so daß die Kapitulare dann Kanoniker würden, oder ob nicht Fulda selbst eine Diözese werden solle, wozu es ja dann im achtzehnten Jahrhundert wirklich noch gekommen ist. Solchen Absichten gegenüber habe aber Abt Balthasar vielmehr den Standpunkt einer Reform im alten klösterlichen

---

[1]) Fr. Stein, Geschichte Frankens, Bd. II, S. 374.

Geist eifrig vertreten¹). Dabei wäre wohl die Vermutung nicht unzulässig, daß Julius Echter auch mit jenen Bistumsplänen irgendwie zu rechnen dachte.

Eine eigene Darstellung dieser Fuldaer Händel bietet die Ganzhornsche Chronik. Sie ist insofern beachtenswert, als man sie wohl als typisches Beispiel einer Zurechtlegung dieser Vorgänge im Interesse der Würzburger Politik ansehen darf²). Als ein Beweggrund von besonderer, geradezu bestimmender Bedeutung wird darin hingestellt, wie nach anfänglicher Weigerung Julius Echters, die ihm angesonnene Administration zu übernehmen, die Fuldaer Landstände ernstlich gesonnen gewesen seien, dem benachbarten Landgrafen von Hessen die Verwaltung zu übertragen, und wie man das doch habe vermeiden wollen. Daß man auf hessischer Seite eine Zeitlang sich ernstlich mit solchen Plänen getragen haben mag, darf als naheliegend erscheinen, und man hat darum gerade eine solche Eventualität für Julius Echter und seine Politik als maßgebend annehmen wollen, daß er nämlich habe befürchten müssen, das Nachbarstift Fulda in protestantische Hände geraten zu lassen, so daß ihn eben solche Beweggründe dann bestimmt hätten, selbst die Hand darauf zu legen.

Wenn Julius einmal in einem Schreiben an Papst Sixtus den Fünften vom 16. Juni 1589 die Sache so hinzustellen suchte, als sei er vom Fuldaer Abte hintergangen worden, da dieser nur zum Schein verzichtet habe, um ihm die Entwirrung dieser verwickelten Verhältnisse aufzuladen, so drängt sich dabei doch unwillkürlich der Verdacht einer gesuchten Erklärung und Rechtfertigung auf³). Bei seinem eigenen Verfahren muß zum Beispiel unwillkürlich auffallen, mit welcher scharfen Betonung seiner Fürstengewalt er dem Domkapitel, der Ritterschaft und den Städten in seinem Würzburger Hochstift entgegenzutreten wußte, wogegen er den Fuldaer Landständen gegenüber in so auffallender Weise weitgehende Nachsicht und Entgegenkommen bezeigte. Bei einer längeren Dauer des Verhältnisses würde sich diese seine Haltung allerdings wohl noch wesentlich geändert haben. Daß terri-

---

¹) Nuntiaturkorrespondenz K. Groppers, a. a. O. S. 265 f.

²) fol. 232ʳ—233. Eben wegen der besonderen Bedeutung dieser Darstellung ist sie als Beilage I dieser Schrift beigegeben.

³) Nuntiaturberichte aus Deutschland 1585—1590, I, 1. Herausgegeben von St. Ehses. (Quellen und Forschungen aus dem Gebiete der Geschichte, herausgegeben von der Görresgesellschaft, Bd. VII, S. XLIX und 299.)

toriale Interessen bei der ganzen Sache sehr ins Gewicht fielen und daneben vielleicht auch kirchliche, darf wohl als wahrscheinlich anzusehen sein; aber es ruht doch immerhin ein gewisses Dunkel über diesen Vorgängen, dessen Beseitigung kaum je völlig gelingen dürfte.

VI.
Juliushospital und Universität.

Diese beiden Lieblingskinder von Julius Echters weitschauender Regentenfürsorge stehen in so innigem Zusammenhang mit seiner Territorialverwaltung wie mit seinem kirchlichen Restaurationswerk, daß sie eigentlich schon dort in den betreffenden Abschnitten zu besprechen waren. Allein der ungewöhnlich große Umfang und die epochemachende Bedeutung der beiden Schöpfungen legten doch nahe, ihnen ein eigenes Kapitel zu widmen.

In einer möglichst tiefgründigen Erschließung der dem Christentum innewohnenden karitativen und intellektuellen Kräfte hat Julius, was ihm ja schon als geistlichen Fürsten naheliegen mußte, eine Hauptaufgabe für sein gesamtes Wirken erblickt. Tiefeingreifende bessernde Maßnahmen sollten auch da gewissermaßen eine innere Rechtfertigung für sein ganzes System bilden. Solchen Beweggründen sind eben jene beiden Schöpfungen entsprungen, die seinen Namen bis in ferne Zeiten lebendig im Gedächtnis erhalten werden: sein Hospital und seine Hochschule. Von allem Anfang an hatte er sich mit Plänen für diese beiden Gründungen getragen. Das mit seinem Namen bezeichnete Hospital kam zuerst zur Ausführung; schon am 12. März 1576 wurde der Grundstein gelegt[1]).

Die schweren Zeitläufte, wie sie gerade das sechzehnte Jahrhundert schon wiederholt für die fränkischen Lande mit sich gebracht hatte, und die von Julius immer mehr gewonnene Überzeugung, wie mangelhaft und unzulänglich die vorhandenen Wohltätigkeitsanstalten gegenüber den gesteigerten Anforderungen der Gegenwart seien, haben den Anstoß zur Stiftung jenes großen Hauses der Barmherzigkeit gegeben,

---

[1]) Vergleiche Dr. Ph. Stöhr, Die Beziehungen zwischen Universität und Julius-Spital. (Rektoratsrede.) Würzburg 1908. Sodann die in der „Festschrift" unter dem zusammenfassenden Titel „Julius als Vater der Armen" enthaltenen Abhandlungen von J. Hersam, J. Schenk und G. M. Hettiger, S. 153 ff.

in welchem leibliche und geistige Nöte ihre Pflege und Heilung finden sollten. Mit dem Gedanken eines großen Krankenhauses, den man später in erster Linie damit zu verbinden pflegte, war aber der dieser Anstalt gestellte Aufgabenkreis noch keineswegs erschöpft. Nach dem Stiftungsbrief vom 12. März 1579 sollten Aufnahme finden „alte, schwache und schadhafte Manns= und Weibspersonen aus Stadt und Stift, die wegen Schwachheit und Leibesschaden mit Arbeit nichts mehr zu erwerben fähig sind; sodann die verlassenen Waisen, in Stadt und Stift beheimathet oder solcher Leute Kind, die sich frömmlich und ehrlich gehalten und ernährt, Knaben und Mädchen, besonders Knaben bis sie zur Schule oder zum Handwerk herangewachsen sind, und Mädchen, bis sie in Dienst gehen oder sich dem geistlichen Stande widmen, aber keines länger als zehn Jahre. Weiterhin Pilgrime und durchziehende arme dürftige Personen, die Speise und Trank und Nachtlager erhalten und dann fortgewiesen werden sollen, außer wenn sie hier krank und schadhaft würden. Dagegen soll mit Gütern und Geld sich niemand einkaufen dürfen, damit nicht Kranke durch Ge= sunde, Arme durch Vermögende ausgetrieben würden." Also eine groß gedachte Stiftung, die für alle Not der wirklich Bedürftigen von früher Kindheit bis zum späten Lebensalter eine sichere Zuflucht bieten sollte.

Mit Hilfe des Domkapitels hatte Julius ursprünglich seinen Plan in einem damals leerstehenden Kloster zur Ausführung bringen wollen; allein vielfache Schwierigkeiten von jener Seite brachten ihn dazu, mit eigener Initiative vorzugehen, und auf dem dafür auserwählten Platze, dem alten Judengarten zwischen dem Hauger= und Pleicher= viertel, begannen dann schon 1577 die Mauern emporzusteigen. Die Mittel gewann man vor allem aus den Vermögensbeständen zweier Klöster, die schon seit einiger Zeit in Verfall geraten waren, Heiligen= thal bei Schwanfeld und Birklingen.

Ein Werk sorgsamster Erwägung war die 1579 erlassene „Oeconomia Hospitalis Julii" oder „Julier Spitals=Haushaltung"; besonders die Ordnungen von Wiener und Nürnberger Krankenhäusern hatte man dabei zu Rate gezogen. Welche Wichtigkeit Julius dieser seiner Schöpfung beimaß, darf schon daraus gefolgert werden, daß er die oberste Aufsicht sich selbst und seinen Nachfolgern als den von Gott und der Kirche konstituierten „curatores pauperum" vorbehielt. Eigene fürstliche Gemächer waren in diesem Spital vorhanden, in denen er öfter weilte und auch gern Besuche empfing, die seine großartige Stiftung besichtigen wollten. Zum ersten Arzt des Spitals war einer der fürstlichen Leibärzte, Dr. Wilhelm Upilio, aufgestellt worden; zu dessen Obliegenheiten gehörte es, zweimal täglich die Kranken zu besuchen und für stets frische Materialien in der Apotheke zu sorgen. Eine Bestimmung in den ältesten Statuten der medizinischen Fakultät der Universität, wonach ein akademischer Garten zu Zwecken der Pflanzenkunde im Juliusspital oder im sogenannten Studentengarten angelegt werden sollte, sodann die Ernennung des 1594 an der Universität angestellten Professors der Medizin Johann Stengel zum Medikus am Spital, der auch die Aufsicht über den Kräutergarten des Spitals führen sollte, bildeten die ersten verbindenden Glieder in jener Kette von Beziehungen zwischen beiden Anstalten, die sich dann allmählich immer umfangreicher und bedeutungsvoller ausgestalten sollten.

Als eine ganz eigenartige Einrichtung von weittragender Bedeutung erscheint das dem Spital eingegliederte Kinderhaus, worin auf Erziehung zu den nächstliegenden und für gemeinschaftliches Leben notwendigen Tugenden und auf Bewahrung vor den häufigsten Fehlern, auf eine Erziehung zur Arbeit und zur Religion, zu Höflichkeit und Anstand hingearbeitet werden sollte. Wenn sodann nach einem zehnjährigen Aufenthalt dieses schützende Heim verlassen werden mußte, so wurde auch noch Vorsorge für die weitere Zukunft der Knaben und Mädchen getroffen. Außerdem aber wurden schon zu Zeiten des Stifters auch Studenten im Hause unterhalten und dadurch der Grund zu jenem „Studentenmusäum" gelegt, das dann später gegen das Ende der fürstbischöflichen Zeit noch zu besonderem Ruf gelangen sollte. Mit gutem Grund ist neuestens von fachmännischer Seite darauf hingewiesen worden, wie in jenem Kinderhause des Juliusspitals ein Vorläufer der Kleinkinderpädagogik, dieses jüngsten Zweiges der Erziehungskunde, woran schon ein Comenius, Salzmann, Pestalozzi und andere gearbeitet hatten, erblickt werden dürfe, so daß Julius Echter damit sehr früh ein leuchtendes Beispiel humaner und weitblickender Waisen= und Jugendpflege gegeben habe[1].

---

[1] Vergleiche hierzu: Dr. R. Stölzle, Erziehungs= und Unterrichtsanstalten im Juliusspital zu Würzburg von 1580—1803. München 1914, und derselbe, „Fürstbischof Julius als Waisen= und Jugendpfleger", in der „Festschrift", S. 225 ff.

Eben hieraus ergibt sich aber zugleich, wie die in neuerer Zeit mehrfach behandelte Frage aufzufassen und zu beantworten ist, ob das Juliusspital in erster Linie der Unterstützung der Armut und den Pfründnern gewidmet sein sollte oder ob der Schwerpunkt im Bereich der Krankenpflege zu suchen sei. Julius Echter wollte mit seinem Spital offenbar ein Haus der Barmherzigkeit im weitesten Sinne geschaffen wissen, sowohl für leibliches wie auch für geistiges Wohl. Daß die Fürsorge für Hilflosigkeit und Armut des höheren Lebensalters vorangehen sollte, steht wohl außer Zweifel; daß aber auch das Krankenwesen keineswegs die letzte Rolle dabei spielte, ist ebenso sicher. Ob Julius dabei schon von vornherein mit einem bestimmten festen Plan über eine gewisse organische Verbindung zwischen Spital und Universität, d. h. der medizinischen Fakultät, sich getragen habe, eine solche Möglichkeit darf nicht etwa dadurch als völlig ausgeschlossen erscheinen, daß das Spital früher als die Universität ins Leben gerufen wurde, denn auch mit dem Gedanken der Universitätsgründung hatte er sich schon von Anfang an getragen. Als dann aber die Hochschule bereits errichtet war, dauerte es noch ziemlich lange, bis gerade die medizinische Fakultät wirklich greifbare Gestalt bekommen hat. Gerade an dieser Stelle war alles erst im Werden, noch im Fluß begriffen, so daß man vielleicht bezweifeln darf, ob Julius gerade darüber schon zu ganz bestimmten klaren Absichten gekommen war. Daß er aber an ein solches Zusammenwirken seiner beiden Schöpfungen gar nicht gedacht haben sollte, ist keineswegs eine daraus sich ergebende notwendige Folgerung, wie eben schon aus der erwähnten Ernennung Johann Stengels, eines der frühesten Professoren der medizinischen Fakultät, gleichzeitig zum Arzt am Spital hervorgeht.

Mit dieser großartigen neuen Spitalschöpfung in Würzburg war aber das Wirken von Fürstbischof Julius auf diesem so wichtigen und zeitgemäßen Gebiete keineswegs erschöpft. Auch da hat sich vielmehr seine Neigung, nach einem größeren System zu organisieren, vollauf bewährt, indem er den schon bestehenden milden Stiftungen seines ganzen Hochstifts nicht minder seine Fürsorge zuwandte; war doch auch da vieles sehr reformbedürftig geworden. So wurden wiederhergestellt die Spitäler zu Heidingsfeld, Haßfurt, Königshofen, Röttingen, Gerolzhofen, Karlstadt, dann aber auch neue Gründungen vorgenommen in Rothenfels und Wintersbach für die Spessartbewohner und vor allem für Volkach, wo sein Bruder Valentin als Amtmann waltete. Wie ihn diese Angelegenheiten fortwährend beschäftigten, geht schon daraus hervor, daß er später eine gemeinsame Spitalordnung aufstellte, daß er noch im Jahre 1615 an eine Reihe von Spitälern Fragebogen hinausgehen ließ und über elf Punkte Aufschluß verlangte, und daß endlich im Jahre darauf die Fundationsbriefe der einzelnen Stiftungen erneuert wurden mit einer Anleitung, wie noch bestehende Mängel und Mißbräuche abzuschaffen seien. Auch der Erlaß einer neuen Almosenordnung, also eine verbesserte Regelung des Armenwesens für Würzburg ist noch der umfassenden Fürsorge für dieses ganze Gebiet zuzurechnen, also für ein Gebiet, das gerade in unseren Tagen wieder eine der bedeutsamsten Aufgaben für die Staats= und Gemeinde= verwaltung bildet. —

Bei der anderen großen Schöpfung Julius Echters, bei seiner Uni= versität, hat es sich, wenn man genauer zusieht, eigentlich nur um ein Glied in einer Kette von Anstalten gehandelt, die alle dem einen wichtigen Zweck dienen sollten: einer zeitgemäßen Neugestaltung des ganzen Erziehungs= und Unterrichtswesens in den würzburgischen Landen, so wie es eben seinen obersten leitenden Grundsätzen über die Reform der Territorialverwaltung, wie andererseits über die Restau= ration des Kirchenwesens im Geiste des Tridentinums entsprach[1]).

Durch Julius Echters Vorgänger Friedrich von Wirsberg war in einer nicht zu unterschätzenden Weise auf diesem Gebiete vorgearbeitet worden. Die Gründung einer höheren, sogenannten Partikularschule, eines Jesuitenkollegiums und eines Konvikts im Hofe „zum Fresser" gehören dieser Zeit an, und auf diesen Unterlagen baute Julius zu= nächst weiter fort. Dringend waren, wie oben schon ausgeführt wurde, die Mahnrufe von seiten der obersten kirchlichen Stelle zur Ausführung der Bestimmungen des Tridentinums, aber nicht minder stark die Hindernisse und der Widerstand von anderer Seite, vor allem vom Domkapitel. Man darf wohl sagen, daß gerade bei diesen wegen des gesamten höheren Unterrichtswesens entbrennenden Kämpfen Julius recht eigentlich die Feuerprobe für sein ganzes System zu be= stehen hatte. In der denkbar schärfsten Weise sind dabei die Gegen= sätze, die ältere und die neuere Richtung, aufeinander gestoßen, und daß Julius in diesem jahrelangen heißen Kampfe schließlich eine

---

[1]) Vergleiche hierzu Dr. Fr. X. v. Wegele, Geschichte der Universität Wirz= burg, Bd. I, S. 163 ff.; Dr. Staab, „Fürstbischof Julius und die Stiftung des geistlichen Seminars", in der „Festschrift", S. 57 ff.

Position nach der anderen seinen Gegnern siegreich abgerungen hat und diese Gegner zuletzt selbst zu willfähriger Anerkennung und Unterstützung seiner Schöpfungen zu bringen vermochte, darin durfte er wohl seinen bedeutsamsten Erfolg erblicken.

Ein weiteres Ausbauen der Wirsbergschen Partikularschule, so daß sie als Ersatz für eine Universität gelten konnte, bildete das zunächst angestrebte Ziel, nicht ohne daß dabei von der anderen Seite ein Anlauf versucht worden wäre, die alte Domschule mit Gewinnung einer neuen Kraft nochmals neu zu beleben. Eine Hauptschwierigkeit für die von Julius beabsichtigten Gründungen bildete die Frage der dafür zu gewinnenden Räumlichkeiten; seinen Vorschlägen, leerstehende Klostergebäude, wie vor allem das sogenannte Reuererkloster oder domstiftische Höfe dafür zu benutzen, setzte das Domkapitel zähen, hartnäckigen Widerstand entgegen, so daß er, um das Seminar im Hof „zum Fresser" erweitern zu können, selbst zum Ankauf von Häusern in der nächsten Umgebung schritt. Zu Beginn des Jahres 1578 wurde sodann eine Kommission gebildet zur Beschaffung einer Dotation für ein eigentliches Seminar nach den Vorschriften des Tridentinums; und wenn nun auch in den Bestimmungen dieser Kirchenversammlung eine von den Stiften und Klöstern der betreffenden Diözesen zu erhebende Steuer für solche Zwecke vorgesehen war, so blieb immer noch auch über die Erträgnisse solcher Steuern hinaus gerade genug zu tun übrig. Hierin bewährte Julius ein ganz hervorragendes organisatorisches Talent; mit genauer Kenntnis von der Leistungsfähigkeit der Einzelnen verstand er es, von allen Seiten her Mittel zu sammeln und damit Großes zu erreichen, ohne daß doch von übergroßer Anspannung der Kräfte die Rede sein konnte. Vor allem den bekannten, dem Domkapitel gehörenden Hof „zum Katzenwicker" hätte Julius gern für seine Zwecke gewonnen; aber diese Körperschaft setzte ihren Widerstand nicht nur diesem besonderen bischöflichen Wunsche, sondern überhaupt dem ganzen Seminarplan entgegen; die ohnedies nicht gern gesehenen Jesuiten sollten eventuell diese Belastung auf sich nehmen. Harte scharfe Worte fielen hin und her; die Armut der Untertanen, die Teuerung durch Mißernten wurde dem Fürstbischof entgegengehalten; in vielen Jahren sei kein Bischof gewesen, der geistlich und weltlich so beschwert habe wie er, wogegen Julius auf den Vorteil der Sache für das ganze Stift verwies; den halben Teil habe die Kirche schon verloren, wenn nichts geschehe, werde das Ganze zu Verlust gehen.

Die Abschaffung des Geistlichen Rates hatte das Domkapitel unter anderem zur Bedingung stellen wollen, aber derartige Forderungen verwarf der Fürstbischof. Und damit nicht genug: auch nach der anderen Seite hin, mit den Jesuiten kam Julius, wie oben schon berührt wurde, wegen der Platzfrage für das Seminar in scharfe Streitigkeiten. Endlich nach Überwindung der verschiedensten Hindernisse war 1584 der Seminarbau vollendet; als Ostflügel des neuen Universitätsbaues hatte er seine Stätte gefunden, und daraufhin konnten dann auch die Seminarverhältnisse überhaupt zu ihrer festen klaren Regelung kommen: Obenan stand das collegium majus oder Kilianeum, das eigentliche Klerikalseminar, dem aber noch ein Konvikt für Studierende aller Fakultäten angegliedert erscheint. Sodann das collegium minus oder Marianum für die Gymnasiasten, eine Fortbildung des von Wirsberg gegründeten Kollegs; in diesem hat man das bischöfliche Knabenseminar nach den Vorschriften des Tridentinums zu erblicken, in welchem 50 Söhne von Untertanen Aufnahme finden sollten. Endlich an dritter Stelle das collegium pauperum, eine Art Vorschule für das vorher genannte Kolleg, für Kinder guter, aber unvermöglicher Leute. Die Leitung des gesamten Seminarwesens lag in den Händen der Jesuiten.

Ihren Abschluß fand diese ganze Reihe von Gründungen mit dem 1607 ins Leben gerufenen, für 24 Zöglinge bestimmten adeligen Seminar[1]), nachdem die seitherige Vereinigung von adeligen Zöglingen mit den anderen Kollegien zu mancherlei Schwierigkeiten Anlaß gegeben hatte. Gerade mit dieser Stiftung verband Julius wohl noch die weitere Absicht, den fränkischen Adel, mit dem er schon so oft in Kampf gekommen war, zu gewinnen. Hier sollte wohl vor allem der Nachwuchs für Besetzung der Kanonikate in den dem Adel vorbehaltenen Stifter und andererseits für Besetzung der verschiedenen weltlichen Ämter seine Erziehung empfangen.

Den Mittelpunkt und gewissermaßen die Krönung alles dessen, was Julius auf diesem so wichtigen Gebiete geschaffen hat, bildete aber doch seine Universität[2]). Nicht umsonst hatte er mit letztwilliger

---

[1]) Siehe Dr. Beuschlein, „Fürstbischof Julius, der Stifter des Seminarium Nobilium", in der „Festschrift", S. 251 ff.

[2]) Vergleiche hierzu Dr. Fr. X. v. Wegele, a. a. O. Bd. I, S. 128 ff. Dr. S. Merkle, Festrede bei der Gedenkfeier des dreihundertjährigen Todestages

Bestimmung verfügt, sein Herz solle seine letzte Ruhestätte in dem bei dieser Hochschule befindlichen Gotteshause finden. In beredtester Weise lag darin ausgesprochen, wie diese Anstalt ihm Herzenssache war.

Verschiedene Gesichtspunkte wollen bei dieser Universitätsgründung berücksichtigt sein. Vor allem einmal die Tatsache, daß eine Hochschule für Würzburg nichts Neues bedeutete; hatte ja schon Fürstbischof Johann von Egloffstein 1402 in aller Form hier eine Universität begründet, der freilich infolge verschiedener widriger Umstände zunächst nur ein kurzes Dasein beschieden war. Auf diese Gründung seines Vorgängers kam Julius, da er an die Verwirklichung eigener Pläne herantrat, mit gutem Bedacht zurück. Es bedurfte in gewissem Sinne jetzt nicht mehr einer völligen Neugründung, und zweifellos ist darauf auch die beachtenswerte Tatsache zurückzuführen, daß eine eigentliche Stiftungsurkunde von seiten Julius Echters nicht vorhanden ist und sicher auch nie vorhanden war. Ungünstig hatte bei jener früheren Hochschule offenbar ein mangelhafter materieller Untergrund gewirkt. Daraus zog Julius seine entsprechende Lehre, indem er gerade in dieser Richtung die umsichtigste Fürsorge hat walten lassen. Aber auch noch von einer anderen Seite her gingen verbindende Fäden nach seiner Schöpfung hin, nämlich von der Wirsbergschen Partikularschule, und diese Beziehungen waren für den praktischen Erfolg von noch größerem Belang als jene zu der Universität Egloffsteins. Liefen ja doch seine nächsten Pläne und Absichten auf eine Erweiterung der vorgefundenen Partikularschule hinaus. Aus dem Geiste jener Zeit heraus, aus dem Gedankenkreise der katholischen Restauration, aus dem schon die Wirsbergschen Anläufe hervorgewachsen waren, ist recht eigentlich die Juliusuniversität entstanden. Darum steht sie auch mit den vorhin behandelten Seminareinrichtungen in engem ursächlichen Zusammenhang, so daß ohne Übertreibung gesagt werden konnte, aus dem Gedanken einer Erweiterung und Ergänzung des Seminars sei sie eigentlich hervorgegangen[1]). Insofern paßte sie auch vollkommen in den Rahmen ihrer Zeit, da mit der Gründung von Universitäten wie Marburg, Königsberg, Jena, Dillingen die Ära der territorialkonfessionellen Hochschulen begonnen hatte[2]).

des Fürstbischofs „Julius Echter. Würzburg 1907, und derselbe, Die Julius-Universität", in der „Festschrift", S. 33 ff.
[1]) Wegele, a. a. O. S. 203.
[2]) Merkle, Festrede S. 9.

Schon in den ersten Jahren seiner Regierung beschäftigte Julius Echter der Universitätsgedanke, wie aus einem Schreiben des Nuntiaturstellvertreters Nik. Elgard aus dem Jahre 1575 deutlich hervorgeht [1]). Verschiedenes wirkte zusammen. Abgesehen von den eben besprochenen Beweggründen mußte schon ein gewisses praktisches Bedürfnis dazu Anlaß geben. Die einheimische katholische Jugend sollte doch soviel wie möglich vom Besuch protestantischer Hochschulen ferngehalten werden, während die vorhandenen katholischen Anstalten, wie Freiburg i. Br., Ingolstadt, Dillingen, nicht immer den strengeren Anforderungen genügend erscheinen mochten. So mußte schon aus solchen praktischen Erwägungen es als ein Bedürfnis erscheinen, für die Heranbildung nicht nur von tüchtigen Klerikern, sondern auch eines guten Beamten- und Ärztestandes eine eigene hohe Schule in der Heimat zu besitzen. Und gewiß nicht an letzter Stelle kam bei einem so fein und gründlich gebildeten Manne wie Julius Echter auch das Interesse für die Wissenschaft an und für sich als weiterer Beweggrund hinzu. Schon von 1574 an beginnen darum seine Bemühungen für Erwirkung der erforderlichen päpstlichen und kaiserlichen Privilegien. Nach Rom entsandte er einen der fähigsten Köpfe in seiner Umgebung, den Kanonikus und nachherigen Dekan des Stifts Neumünster, Dr. Veit Krebser, und bereits am 28. März 1575 erteilte ein päpstliches Privileg der zu errichtenden Universität die Rechte und Freiheiten der großen abendländischen Mutterhochschulen Paris und Bologna, während ein vom 11. Mai 1575 datiertes kaiserliches Privileg die Genehmigung enthielt, die Wirsbergsche Partikularschule zu einem studium generale zu erweitern, und hierfür die Rechte von Freiburg i. Br., Tübingen, Heidelberg und Ingolstadt gewährte, so daß nunmehr Julius nicht lange darauf erklären konnte, sein „angefangen Studium" noch fernerhin „vermehren" zu wollen. Die Präliminarien waren damit nach Wunsch erledigt. Aber nunmehr sollte gerade auch um die Erreichung dieses Zieles ein Kampf von solcher Heftigkeit entbrennen, daß man wohl sagen konnte, kaum eine andere deutsche Hochschule sei unter so eigenartigen Verhältnissen entstanden wie gerade diese.

Noch einmal sind Julius und das Domkapitel gerade hier in dieser Frage auf das schärfste aneinandergeraten. Der frühere mehrjährige Führer der Opposition, Erasmus Neustetter, hatte sich unterdessen mehr

---

[1]) Nuntiaturkorrespondenz K. Groppers, a. a. O. S. 329.

und mehr nach seinem Lieblingssitze Komburg zurückgezogen, aber der Dompropst Richard von der Kehre und der Domdekan Neidhard von Thüngen, Julius Echters Nachfolger in dieser Dignität, machten jetzt die Führer in einem Kampfe, der, mochte es sich dabei auch um besondere einzelne Streitpunkte handeln, sich doch nochmals unwillkürlich zu einem solchen von allgemeiner prinzipieller Natur gestaltete. Man berief sich auf die große Unzufriedenheit bei Klerus und Adel, in Stadt und Land, aber um alles das kümmere sich der Fürstbischof nicht, denn er vermeine allein Herr zu sein. Er vergesse, daß er Fürst durch Wahl und nicht durch Erbrecht sei; er kenne die staatsrechtlichen Verhältnisse des Hochstifts nicht und folge schlimmen Ratgebern. Man drohte mit Appellation an den Kaiser und an den Mainzer Metropoliten; aber die weitere Äußerung, es sei ja alles nutzlos, da man doch schon alle Vorkehrungen getroffen habe, klangen nicht allzu siegesgewiß. Mit gutem Bedacht glaubte Julius solchen Vorwürfen gegenüber, die nicht einmal so sehr der Sache selbst, sondern vielmehr einer allgemein oppositionellen Stimmung entsprungen waren, auf das Beispiel der „Lutterischen" verweisen zu sollen, die „eifrig Kirchen und Schulen bauten". Er werde mit Gottes Gnade seines bischöflichen Amtes walten, „bis er entweder naturaliter oder civiliter entsetzt und abgeschafft sei". Und mit seiner gewaltigen zielbewußten Energie, die bei einer mächtigen Zeitströmung einsetzte und mit ihr arbeitete, errang Julius auch hier den Sieg. Auch in diesem Kampfe hat, was die dabei mitspielenden Einzelheiten anlangt, nochmals der domstiftische Hof „zum Katzenwicker", der dem Fürstbischof als ein besonders günstiger Platz erscheinen wollte, eine bedeutende Rolle gespielt. Allein da Julius auf gewisse Bedingungen des Domkapitels nicht eingehen wollte, einigte man sich schließlich auf das St. Ulrichskloster, ursprünglich eine Klause, nachher Benediktinerinnenkloster, aber schon seit längerer Zeit in Verfall geraten. Mit päpstlicher Genehmigung eingezogen, bot dann dieses Anwesen unter Hinzuerwerbung von angrenzenden Gebäulichkeiten für die neue Hochschule den Untergrund.

Inzwischen hatte aber Julius Echter — das ist dabei so besonders charakteristisch — diese seine Universität, über deren Platzfrage man noch stritt, bereits eröffnet. Als Mann der Tat glaubte er den Gegner am besten mit einer vollendeten Tatsache überraschen zu sollen. Hatte er ja doch schon eine Einladung zur Eröffnung in Aussicht gestellt;

wolle das Kapitel nicht kommen, so sei das seine Sache. Und wirklich war nur ein paar Tage nach einer äußerst erregten Kapitelsitzung am 31. Dezember 1581 die feierliche Eröffnung zunächst in den Räumen des Franziskanerklosters am 2. Januar 1582 gefolgt. An dem in solchen Fällen üblichen Pomp hat es gerade auch hier nicht gefehlt und der fürstliche Stifter wollte es wohl absichtlich daran nicht fehlen lassen. Von besonderem Interesse mußte nach dem Vorausgegangenen die Frage nach der Beteiligung des Domkapitels sein. Hier stimmen die Berichte nicht überein[1]), aber eine in der Ganzhornschen Chronik davon gegebene Schilderung weiß zu berichten, wie von den Herren des Domkapitels einzig und allein der Domscholaster Wilhelm Milchling[2]) zugegen gewesen sei, während der Domdechant und andere Kapitularherren früh die Stadt verlassen und mit Fleiß nicht teilgenommen hätten, in der Anschauung, daß die Universität keinen Bestand haben könnte, und diese Darstellung darf wohl am meisten Glaubwürdigkeit beanspruchen. Die Wahl der Dekane der vier Fakultäten nahm Julius aus eigener Machtvollkommenheit vor, während dann bei der Wahl des ersten Rektors die Stimmen einhellig auf den Stifter selbst fielen, der unter Anlegung des goldenen Rektormantels von diesem Amte Besitz ergriff, aber dann seinen Generalvikar Michael Suppan zum Stellvertreter ernannte.

Damit war die Hochschule ins Leben getreten, aber die entsprechende Festigung und der weitere Ausbau mußten nun noch folgen. Die gerade in diesem Falle doppelt wichtige Frage einer reichlichen Dotation verstand Julius auch hier wieder in der Weise zu lösen, daß Kirchengut, welches an anderer Stelle seinem Zweck nicht mehr richtig dienen konnte, hierfür herangezogen und verwendet wurde. Es waren

---

[1]) Ein bei Gropp, a. a. O. Bd. I, S. 53 ff. wiedergegebener Bericht gedenkt wohl einer Teilnahme des Domkapitels, aber in einer mehr allgemein schablonenhaften Art und Weise, während in einer im Matrikelbuch der Universität darüber befindlichen Aufzeichnung (bei Wegele, a. a. O. Bd. II, S. 127 ff.) davon nichts erwähnt ist, so daß Wegele (Bd. I, S. 196) vor allem auch aus inneren Gründen die Nichtbeteiligung für das Wahrscheinlichere halten wollte. Allein die Ganzhornsche Darstellung lautet in ihren Einzelheiten so bestimmt, daß man sie kaum für willkürlich und gegenstandslos wird ansehen können. Julius hatte doch wohl auch den einen und anderen Gesinnungsverwandten im Kapitel, und auf solche Weise war dann ein gewisser Mittelweg eingeschlagen.

[2]) Wilhelm Schutzpar, genannt Milchling, seit 1574 Scholastikus des Domstifts; einer seiner Brüder, Wolfgang, war 1568 als Fürstabt von Fulda gestorben.

die Vermögensbestände der Frauenklöster Mariaburghausen bei Haß=
furt und Hausen bei Kissingen, denen diese Bestimmung zufiel. Weiter=
hin aber wurde mit Umsicht und Energie die finanzielle Leistungskraft
der Stifte und Klöster für diese Stiftung, die ja doch allen gemeinsam sein
sollte, verwertet, anfangs in Gestalt jährlicher Beiträge, dann aber
auf dem Wege der Ablösung mit gewissen Summen, und endlich wurde
auch das Vermögen der vorausgegangenen anderen großen Stiftung,
des Juliusspitals, in nicht unbeträchtlicher Weise herangezogen, wo=
gegen die Professoren die Verpflichtung advocando et consulendo
Dienste zu leisten übernehmen mußten. Die Ausstattnng der theo=
logischen und der philosophischen Fakultät fiel — ein weiterer Beleg
für den engen organischen Zusammenhang — mit der des Seminars
zusammen, während die juristische und die medizinische Fakultät eigenes
Vermögen erhielten. Erst 1726 ist es zu einer Verschmelzung der
Fonds gekommen. Freiheiten, Ehren und Rechte verschiedener Art,
mit denen die Körperschaft als solche, wie auch die Professoren und
die Studenten ausgerüstet wurden, waren sprechende Belege dafür,
welche ausgezeichnete Stellung Julius der Universität innerhalb seines
Staates eingeräumt sehen wollte.

Wenn man in den Kreisen des Domkapitels anfangs, schon vom
Standpunkt der grundsätzlichen Gegnerschaft aus, dieser Juliusstiftung
eine nur kurze Dauer hatte voraussagen wollen, so begann bereits
ein paar Jahre später nun auch hier eine andere Windrichtung sich
einzustellen. Die Universität schien bleibenden Bestand zu gewinnen,
und wohl um in einer so wichtigen Sache von dem Mitbestimmungs=
rechte, wie man es doch sonst in anderen Dingen immer so eifrig an=
strebte, sich nicht ganz ausgeschaltet zu sehen, begann dieses nämliche
Domkapitel seit 1585 den Standpunkt einer starren unfruchtbaren
Opposition allmählich aufzugeben und wegen dieser und jener Fragen
mit dem Fürstbischof zu verhandeln, und Julius Echter, der sich des
Wertes einer solchen Verständigung nach der staatsrechtlichen Seite hin
sicher nur allzu gut bewußt war, unterließ nichts, auch von sich aus
darauf einzugehen. Als in dem oben genannten Jahre der Domdekan
Neidhard von Thüngen die auf ihn gefallene Wahl zum Rektor an=
nahm, konnte dies wie eine Besiegelung des Friedens angesehen werden.
Entscheidend war sodann, daß 1588 die allgemeinen und die Spezial=
statuten unter Zustimmung und Mitbesiegelung des Domkapitels ver=
öffentlicht werden konnten, und auch zur Stiftung der anderen von

Julius ins Leben gerufenen Kollegien war die Zustimmung von dieser Seite nachträglich erfolgt. Und als andererseits durch die mit so vieler Umsicht bewirkte Verstärkung der Mittel nun auch die juristische und die medizinische Fakultät mit Lehrkräften versehen und damit lebensfähige Glieder dieses Organismus wurden, da konnte damit nach einer siebenjährigen mühevollen Arbeit das Werk der Gründung als vollendet gelten. Julius Echter hat darum in dem berechtigten Gefühl der Befriedigung über einen solchen Erfolg nicht unterlassen, in einem Ausschreiben vom 2. Januar 1589 vor aller Welt dies zu bekunden. Er geht darin aus von der „lieben alten katholischen Religion", von deren Abnahme und Verfall im Hochstift und von seiner Vorgänger und seinen eigenen Bemühungen zur Hebung dieser Schäden, wie er das vom Vorgänger begonnene Seminar vollendet habe, dann aber weitergegangen sei und „mit Rath und Wissen unseres ehrwürdigen Domkapitels" ein Universalstudium aufgerichtet habe. Hier solle die Jugend Gelegenheit haben, die Prinzipien der freien Künste zu erlernen und dann durch irgendein Fakultätsstudium sich auf den Dienst fürs Vaterland vorzubereiten. Sodann spricht er darin von seinen weiteren Stiftungen, den drei Kollegien und deren Aufgabe; er ermahnt die Eltern und sonstigen Angehörigen, unbemittelte und fähige Knaben ihm oder den „Befehlshabern" der Universität zuzusenden und fügt die nachdrückliche Mahnung bei, die Söhne nicht ohne Not mit schweren Unkosten und großer Gefahr für Sittlichkeit und Seelenheil nach auswärtigen Schulen zu senden, „sondern anhero zu unserer dem Vaterland zum Frommen errichteten Universität". Als einen Stiftungsbrief oder Ersatz für einen solchen hat man nicht unzutreffend dieses von stolzer Genugtuung erfüllte Schreiben bezeichnet[1]), für dessen Erlaß gewiß nicht ohne Grund der 2. Januar, das Jahresdatum der Gründungsfeier, gewählt worden war.

Noch in dem nämlichen Jahre nahm der Propst des Stiftes Komburg und Senior des Domkapitels Erasmus Neustetter trotz Alter und Kränklichkeit die auf ihn gefallene Wahl zum Rektor an, indem er den gelehrten Jesuiten Nikolaus Serarius zu seinem Stellvertreter bestimmte. Daß auf solche Weise nun auch dieser geistig hochstehende, durch feinste Bildung ausgezeichnete Mann, in dem man gewissermaßen den Vertreter einer älteren Richtung erblicken durfte, seinen

---

[1]) Wegele, a. a. O. Bd. I, S. 250.

Frieden mit ihm gemacht hatte, darin durfte Julius Echter wohl einen seiner bedeutsamsten Erfolge erblicken. Mit Errichtung einer Stipendien=
stiftung für einen Studierenden der Theologie hat Erasmus Neustetter dann nochmals seine Aussöhnung mit dem nunmehrigen System be=
kundet.

Was nun aber den Kern der Sache anlangt, die Ausrüstung dieser neuen geistigen Hochburg mit entsprechenden Kräften, so muß man auch da sagen, daß Julius es an erfolgreichen Bemühungen nicht hat fehlen lassen. In der theologischen Fakultät wurden die Lehr=
stühle so gut wie prinzipiell mit Angehörigen des Jesuitenordens besetzt. Gewandtheit in der Polemik war dabei wohl eine besonders geschätzte Eigenschaft. Einer der bekanntesten und angesehensten Namen, die hier zu nennen sind, ist der aus Lothringen stammende Nikolaus Serarius, der anfangs der philosophischen Fakultät angehörte, dann aber in die theologische versetzt wurde und später noch längere Zeit in Mainz wirkte, angesehen als Historiker, Polemiker und Exeget; dann der von Julius hochgeschätzte Petrus Thyräus aus Neuß und der Dogmatiker Martin Becanus. Doch kam es auch schon unter Julius zur Heranziehung von zwei Nichtjesuiten, des aus Mellrichstadt stammenden Hofpredigers und nachherigen Weihbischofs Eucharius Sang und des Christoph Marianus, der früher allerdings auch jenem Orden angehört hatte und dann sehr bekannt geworden ist durch eine Schrift auf Fürstbischof Julius — Encaenia et Tricennalia Juliana —, worin er panegyrisch schwungvoll und gewandt ein Bild von seinem Leben und Wirken entworfen hat. Bei den Juristen ist der aus Roer=
mond stammende Peter Gilkens, Professor des römischen Rechts und Stiftskonsulent zu nennen; der Kanonist Johann von Driesch, der unter anderem durch eine bedeutende, heute noch fortwirkende Sti=
pendienstiftung für Studierende aus seiner Verwandtschaft seinem Namen ein bleibendes Andenken schuf, und der einer alten westfälischen Adels=
familie in Werl entstammte Peter von Pape, genannt Papius. Die am spätesten ins Leben getretene medizinische Fakultät begann in einer besonders glücklichen Weise ihre Wirksamkeit mit dem aus Löwen stammenden Adrianus Romanus, einer merkwürdigen Gelehrtennatur von umfassendster Art, da er neben Medizin auch Mathematik, Astro=
nomie, Geographie, Physiologie und Botanik betrieb und Ehren und Würden verschiedenster Art empfing. In der philosophischen Fakultät, die anfangs einigermaßen den Charakter einer Vorstufe zur theo=

logischen an sich trug, ist nochmals des vorhin schon genannten Nikolaus Serarius zu gedenken.

An Zulauf hat es dieser Hochschule nicht gefehlt; fast aus allen katholischen Gegenden Deutschlands, dann aber auch aus Frankreich und den Niederlanden und insbesondere aus Polen gewann sie Studenten. Durch die in verhältnismäßig sehr kurzer Zeit gelungene Herstellung eines stattlichen würdigen Gebäudes, von dem später noch zu reden sein wird, sowie einer Kirche, deren Einweihung 1591 als ein Fest- und Jubeltag in glanzvoller Weise gefeiert wurde, bekam die Stiftung auch in ihrem äußeren Gewande ein würdevolles Ansehen. Vor allem aber muß noch einer Bestimmung des Stifters mit besonderem Nachdruck gedacht werden. Nicht nur für die eigene Zeit und ihre Bedürfnisse wollte Julius seine Universität geschaffen haben, sie sollte auch die kommenden Geschlechter zu bilden in gleicher Weise berufen sein. Darum findet sich am Schluß der am 15. Oktober 1587 erlassenen Statuten noch der Vorbehalt, unter Zustimmung und Genehmigung des jeweiligen Nachfolgers und des Domkapitels den Anforderungen späterer Zeiten entsprechend auch neue Gesetze und Verordnungen zu geben oder die vorhandenen zu ändern und mit Zusätzen zu versehen.

Eine bewunderungswürdige Umsicht spricht aus allen diesen Maßnahmen und Einrichtungen, so daß eben in dieser Universität die Krönung der gesamten Fürsorge Julius Echters für die geistigen Interessen seiner Lande zu erblicken ist. Insofern bildete es nur den charakteristischen Abschluß dieser Fürsorge, wenn er, wie schon erwähnt wurde, mit Durchbrechung bestehender Übungen letztwillig bestimmte, sein Herz in der Universitätskirche zur letzten Ruhe zu bestatten. Mit vollem Recht hat Wegele in seiner Geschichte der Universität gesagt, daß treffender sein persönliches Verhältnis zu seiner Lieblingsstiftung nicht hätte ausgedrückt werden können[1]).

VII.

Äußere Politik.

Daß der Schwerpunkt der Bedeutung Julius Echters in der Geschichte in erster Linie auf seiner Tätigkeit als Territorialherr und

---

[1]) a. a. O. I, S. 264.

als Bischof beruht, dürften die vorausgehenden Ausführungen hinreichend dargetan haben. Viel weniger kann dagegen auf dem Gebiete der äußeren Politik von einer führenden Stellung bei ihm die Rede sein. Nicht als ob er gar keinen Einfluß hierin ausgeübt hätte, häufig stößt man vielmehr in den politischen Korrespondenzen jener Zeit auf seinen Namen. Es ist das aber mehr in dem Sinn einzuschätzen, daß ein Fürst von so hervorragenden Eigenschaften in jener bewegten Zeit unmöglich diesem Gebiete ganz fernbleiben konnte; unwillkürlich wandte man sich bald von dieser, bald von jener Seite an ihn um Rat und Beistand, und auch die Art und Weise seiner Territorialpolitik sowie seine Haltung in den kirchlichen Zeitfragen war so, daß er notwendig auch in der äußeren Politik mitsprechen mußte. Allein er hat hier durchaus nicht eine solche Rolle gespielt, wie lange Zeit angenommen werden wollte. Neuere, tiefer eindringende Aktenforschungen haben das zur Genüge gezeigt.

Fürstbischof Julius hatte sich anfangs vor allem um die so dringend notwendigen Reformen in der würzburgischen Territorialverwaltung bemüht und weiterhin die kirchliche Restauration durchgeführt, zwei Aufgaben, die seine beste Kraft in Anspruch nehmen mußten. Aber eben durch diese Gegenreformation und andererseits durch die mitunter rücksichtslose Verfolgung seiner Territorialpolitik gar manchen Nachbarn gegenüber — man denke doch nur an Fulda! — hatte er vielfache Gegnerschaft sich zugezogen, so daß solche innere und äußere Schwierigkeiten ihn nur um so vorsichtiger und zurückhaltender in der Reichspolitik werden ließen. So beschränkte er sich also mehr auf das, was an ihn als Reichsfürst auf dem ordnungsmäßigen Wege herankam, vor allem auf den Besuch von Reichstagen und die Übernahme von kaiserlichen Kommissorien. Wohl die bedeutendste Aufgabe der letzteren Art, die an ihn herantrat, war seine Mitwirkung bei dem sogenannten Kölner Pazifikationskongreß im Jahre 1579[1]). Kaiser Rudolf der Zweite hatte in den ersteren Jahren seiner Regierung sich in dem Gedanken gefallen, bei dem beständig sich verschärfenden Kampfe zwischen König Philipp dem Zweiten und den Niederlanden vermittelnd einzugreifen. Zu diesem Zweck wurde 1579

---

[1]) Vergleiche hierüber M. Lossen, Aggäius Albada und der Kölner Pazifikationskongreß im Jahre 1579, im Historischen Taschenbuch. V. Folge. 6. Jahrgang 1876. S. 275 ff.

ein Kongreß nach Köln zusammenberufen, wobei als Bevollmächtigte des Kaisers vor allem die Kurfürsten von Köln und Trier und der Würzburger Fürstbischof auftraten, nachdem schon im Jahre vorher auf einem Deputationstage in Worms, wo Julius bereits mittätig gewesen, darüber vorbereitend verhandelt worden war. Aber trotz neunmonatlicher Arbeit ging dieser Kongreß ohne das gewünschte Ergebnis auseinander; es ist vielmehr bald darauf zu der dauernden Trennung der Niederlande gekommen. Unter den von Julius besuchten Reichstagen möge besonders der zu Augsburg 1582 hervorgehoben werden, wo er mit großem Gefolge auftrat und drei Monate weilte. Er vertrat dort gegenüber der nochmals geforderten gesetzlichen Festlegung der Ferdinandeischen Deklaration den streng katholischen Standpunkt. Dort wurde von den katholischen Ständen der Gregorianische Kalender angenommen und daraufhin auch von Julius in seinem Hochstift eingeführt.

Als die weitaus wichtigste und interessanteste Frage auf diesem Gebiete muß aber doch angesehen werden, wie weit Julius Echters Anteil an der Liga reicht, ob er wirklich, wie man lange Zeit hat annehmen wollen, mit Maximilian von Bayern die Seele dieses katholischen Bündnisses gewesen ist[1].

Bei Erörterung dieser Frage muß vorausgeschickt werden, wie Julius Echter jahrelang Mitglied jenes Bündnisses gewesen ist, das als das letzte und am längsten dauernde unter den vielen derartigen Vereinigungen des sechzehnten Jahrhunderts erscheint, des Landsberger Schirmvereins, eines eigentlich paritätischen, aber doch vorwiegend katholischen Bundes, der unter Leitung der bayerischen Herzöge Albrecht des Fünften und dann Wilhelm des Fünften stand. In dieses Bündnis hatte seinerzeit die gegen die Umtriebe des Markgrafen Albrecht Alcibiades gebildete „fränkische Einung" Aufnahme gefunden, und gerade Julius Echter war ein sehr eifriges und, was damals viel sagen wollte, regelmäßig zahlendes Mitglied gewesen. Zu Herzog Wilhelm dem Fünften stand er in sehr freundschaftlichen Beziehungen und in eifriger Korrespondenz, und es bedeutete für ihn zu der Zeit, da er mit großem Eifer die Gegenreformation betrieb und sich damit

---

[1] Vergleiche darüber die sehr gründliche, vor allem auf Münchener und Würzburger Archivalien beruhende Untersuchung von Dr. Friedrich Hefele, Der Würzburger Fürstbischof Julius Echter von Mespelbrunn und die Liga. Würzburg 1912.

so viele Gegnerschaft erweckt hatte, sicher einen wertvollen Rückhalt, als ihm 1586 der bayerische Herzog für den Fall einer Anfechtung die Hilfe des Bundes in Aussicht stellte¹). Als aber schließlich dieser Landsberger Bund sich in seiner Mitgliederzahl immer mehr verringerte und an Bedeutung und Ansehen verlor, löste ihn Maximilian der Erste schließlich auf, nicht ohne daß Julius dieses Ende schmerzlich bedauert hätte. Die Folge war zunächst das Aufhören der seitherigen eifrigen Korrespondenz zwischen dem Münchener Hofe und dem Würzburger Fürstbischof²), da Maximilian überhaupt der seitherigen Vielgeschäftigkeit in dieser Gestalt ein Ende machte, ohne daß aber etwa von einer Entfremdung geredet werden konnte. Immerhin verdient es aber Erwähnung, daß bei aller Intimität, wie sie besonders mit Wilhelm dem Fünften bestand, Julius sich doch gegen wiederholte Versuche des Münchener Hofes, bayerischen Prinzen eine festere Stellung im Würzburger Domstift zu verschaffen, entschieden ablehnend verhielt³). Nicht etwa Abneigung nach dieser Seite hin, sondern vielmehr ein grundsätzliches Widerstreben gegen Sprößlinge fürstlicher Familien überhaupt war dafür bestimmend.

Der Landsberger Bund hatte aufgehört, obschon die Streitpunkte zwischen den großen Religionsparteien im Reiche sich eher vermehrten als verminderten. Man empfand daher bald in katholischen Kreisen eine Lücke. Als sodann infolge des Kampfes um Donauwörth das protestantische Bündnis der Union ins Leben getreten war, mußte für die katholischen Reichsstände die Schaffung einer Gegenallianz als Notwendigkeit erscheinen. Mit seiner ganzen Energie bemächtigte sich Maximilian von Bayern dieses Gedankens, während die Haltung der geistlichen Fürsten, vor allem auch Julius Echters, zunächst mehr in vorsichtiger Zurückhaltung sich gefiel; ängstliche Besorgnis, die Gegner nicht ohne Not zu reizen, sodann auch die Sorge, daß dann leicht übergroße finanzielle Anforderungen drohen könnten, weiterhin Rücksichtnahme auf das Domkapitel und dergleichen waren dabei von Einfluß. Überhaupt, der machtvollen Energie des bayerischen Herzogs gegenüber glaubte Julius längere Zeit mehr eine friedliche Tendenz unter besonderer Rücksichtnahme auf des Kaisers Autorität vertreten zu sollen, zum mindesten sollte den geistlichen Kurfürsten die Initiative überlassen

---

¹) Briefe und Akten, IV, S. 6.
²) Briefe und Akten, V, S. 41.
³) Briefe und Akten, IV, S. 376.

werden. In richtiger Würdigung des Ansehens und der Machtmittel des Würzburger Fürstbischofs gab sich Maximilian alle Mühe, ihn für seine Pläne zu gewinnen, aber erst das Eintreten einer politischen Wendung, hervorgerufen durch einen Gewaltstreich des pfälzischen Kurfürsten gegen den Bischof von Speyer und das dadurch verursachte Aufsehen, vermochte ihn zu einer gewissen Änderung seiner Politik. So wirkte er dann bei Gründung der Liga doch mit und empfahl sogar Maximilian für das Bundesoberstenamt sehr nachdrücklich, und da Adjunkten für die einzelnen Kreise beigegeben werden sollten, so wurde Julius als solcher für den fränkischen Kreis bestimmt. Es war also die Sorge wegen gesteigerter Bedrohung der geistlichen Fürstentümer, die Julius zu diesem der Sache sehr förderlichen Einlenken bestimmte. Daß dann im Februar 1610 ein wichtiger Ligatag in Würzburg abgehalten wurde, darf als eine Folge davon angesehen werden.

Eben damals trat aber in der allgemeinen politischen Lage eine wesentliche Verschärfung durch den Jülich-Cleveschen Erbfolgestreit ein. Vor allem der benachbarte Markgraf Joachim Ernst von Ansbach gefiel sich in eifrigen Rüstungen im Namen der Union, und da sich gleichzeitig der Groll auf protestantischer Seite von neuem gegen Würzburg richtete, auch schon wegen jener dort abgehaltenen Ligatagung, so kam nunmehr eine empfindliche Heimsuchung in der Form, daß man geworbene Unionstruppen in Würzburger Quartiere legte. Die üble Aufführung dieser Soldateska verursachte derartige Klagen[1]), daß Julius gern Hilfe von seiten der Bundesstände erhalten hätte; aber diesmal war es der augenblicklich finanziell beengte Maximilian, der sich zurückhaltend zeigte und den Fürstbischof vielleicht nicht ohne eine gewisse Nebenabsicht auf dessen eigene Mittel verwies. Zu allem Unglück kam dazu noch ein empfindlicher Unfall, indem ein würzburgischer Geldtransport, der eben den Bundesbeitrag des Fürstbischofs enthielt, überrumpelt wurde und in feindliche Hände fiel. Nach zeitweilig gereizter Stimmung war es aber dann gerade Julius, der nun doch eifrig zu rüsten begann. Damals war es, wo er, wie früher gelegentlich erwähnt wurde, an seine Landstände sich gewendet hatte, um die Mittel für eine umfassendere Neubefestigung seines Marienbergs zu erhalten, aber damit nicht durchdringen konnte. Die Lage

---

[1]) Vergleiche darüber die interessanten Mitteilungen in den Röderschen Kalendereinträgen a. a. O. S. 30 ff.

seines eigenen Hochstifts war es also in erster Linie gewesen, die ihn
nun doch mehr und mehr zu einem eifrigen Ligamitglied werden ließ.
Ein im April 1611 wieder in Würzburg abgehaltener Ligatag brachte
allerdings nicht die ersehnte Ordnung, sondern vielmehr wachsende
Zerklüftung in das Bundeswesen. So trat damals unter anderem
eine länger dauernde Verstimmung zwischen Kurmainz und Würzburg
ein, deren weiteren Hintergrund territoriale Streitfragen bildeten. Die
Einwirkungen der Politik des Kaiserhauses, das von dieser Seite her
eifrig betriebene Bemühen, die Liga möglichst unter kaiserliche Direktion
zu bringen, während Maximilian gerade das vermeiden und dem
Bunde seine Unabhängigkeit wahren wollte, das bildete bei diesen
damaligen Vorgängen die leitenden Gesichtspunkte, und während Julius
ehedem viel mehr den ersteren Standpunkt vertrat, zählte er dann
später zu den eifrigsten Anhängern jener Richtung, die in möglichst
engem Anschluß an Maximilian das Ziel der Liga erblickte. Noch=
mals kamen dabei die Rüstungsfragen sehr ernstlich in Betracht, und
bei aller Sorge für die Finanzen seines Hochstifts konnte Julius doch
im April 1615 berichten, mit Geschütz und Munition sei er vollauf
versehen. Den Gedanken der Neubefestigung des Marienbergs, der
nochmals ernstlich erwogen wurde, konnte er freilich auch jetzt nicht
zur Verwirklichung bringen. Bemerkenswert ist, daß Julius, nachdem
der alte Ligabund schließlich zur Auflösung gekommen war, dann zu
denen gehörte, die im Mai 1617 sich unter Maximilian zu einem
neuen Bündnis zusammengeschlossen haben, zu jener Liga, die dann
nicht lange darauf zu einem so gewaltigen Faktor in der großen
Politik der nächstfolgenden Zeiten werden sollte.

Von einer großzügigen Initiative auf dem Gebiete der äußeren
Politik, wie sie Maximilian von Bayern vertritt, kann also bei
Julius Echter nicht gesprochen werden. Die Rücksichten auf sein
Hochstift und dessen jeweilige Interessen erscheinen vielmehr als das
eigentlich Bestimmende und Maßgebende für ihn und für gewisse
Wendungen und Wandlungen in seiner Politik. Von erheblichem
Einfluß war dabei stets die Sorge nach der finanziellen Seite hin.
Wenn ihm das manchmal den nicht ganz unbegründeten Vorwurf
einer gewissen Engherzigkeit zuziehen mochte, so wird man eine solche
ängstliche Sorge zum mindesten erklärlich finden bei der Erwägung,
wie ein Zustand der äußersten Zerrüttung nicht lange zuvor das vor=
herrschende Merkmal der Finanzen des Hochstifts gewesen war.

VIII.

Beziehungen zur Kunst.

Mit der Gründung der Universität hatte Julius den sprechenden Beweis für sein hohes Interesse an wissenschaftlichem Leben und Streben erbracht. Er selbst war ein Mann von hoher, feiner Bildung, die er sich durch den Besuch verschiedener Hochschulen und durch seine Reisen in früheren Jahren angeeignet hatte. Etwas überraschend ist es daher, zu beobachten, daß während der langen Regierung sein Hof in keiner Weise als ein bemerkenswerter Mittelpunkt für literarische Kräfte und Bestrebungen erscheint. Von einem schöngeistigen Mäcenatentum, wie es der noch auf die früheren geistigen Strömungen gestimmte Erasmus Neustetter zu entfalten liebte, war bei Julius nicht die Rede. Nicht als ob alle und jede derartigen Beziehungen bei ihm gefehlt hätten; hat doch der literarisch hochbegabte Johannes Posthius längere Jahre hindurch als fürstbischöflicher Leibarzt in Würzburg gewirkt, der dann seinen fürstlichen Herrn gelegentlich dichterisch feierte, wie dies auch durch Franziskus Modius, den besonderen Schützling Erasmus Neustetters, geschah. Allein eine lebhaftere Fühlung mit solchen Kreisen war nicht vorhanden. Dabei muß man bedenken, daß eine so weitgespannte, ins Große gehende Reformarbeit, wie sie Julius auf dem Gebiete seiner geistlichen und seiner weltlichen Regierung entfaltet hat, für ein literarisches Stilleben nach dem Zuschnitte des vorausgegangenen humanistischen Zeitalters kaum viel Muße übrig lassen mochte. Es kann also zum mindesten nicht ausführlicher von solchen Beziehungen hier gesprochen werden[1]). Um so bedeutsamere Spuren hat dagegen auf dem Gebiete der bildenden Künste die Regierung von Julius Echter zurückgelassen, so zwar, daß man sogar von einem „Juliusstil" glaubte sprechen zu dürfen. Diese Seite seines Wirkens verlangt darum ihre besondere Würdigung[2]).

---

[1]) Vergleiche hierzu Dr. Fr. Leitschuh, Quellen und Studien zur Geschichte des Kunst- und Geisteslebens in Franken. III. Zur Geschichte der Renaissance im Hochstift Würzburg. (Archiv des Historischen Vereins von Unterfranken und Aschaffenburg, Bd. XLIV, S. 213 ff.)

[2]) Hierfür sei auf meine Ausführungen über „Julius Echter und die Kunst" in der „Festschrift", S. 257 ff. verwiesen. Im einzelnen sind die betreffenden Teile

Schon oft ist darauf hingewiesen worden, wie bei Wanderungen durch die fränkischen Gaue im Bereich des ehemaligen Hochstifts Würzburg eine besondere Art von Kirchtürmen, die sogenannten „Juliustürme", durch ihre Menge und ihren übereinstimmenden Charakter als eine eigenartige, geradezu einen wesentlichen Bestandteil des unterfränkischen Ortsbildes ausmachende Erscheinung sich darstellen. Der Einfluß, wie ihn dadurch ihr Urheber Julius Echter schon rein äußerlich auf das Bauwesen in Franken ausübte, erscheint dann noch in eigenartiger Weise gesteigert durch eine vielfach sich äußernde Mischung von Formen der Gotik und der Renaissance, so daß man geradezu glaubte, ihm einen „reaktionären Eklektizismus", ein bewußtes Zurückgreifen ins Mittelalter und Mischung mit den Bildungen des Zeitgeistes zuschreiben zu sollen; eine einzigartige Stellung habe er dadurch in der deutschen Kunstgeschichte gewonnen, für die sich kein besserer Ausdruck finden lasse, als „Juliusstil" [1]. Ein solches Urteil ist dann auf längere Zeit hinaus nicht ohne Einfluß auf die Anschauungen weiterer Kreise geblieben. Immerhin wurde aber von verschiedenen Seiten der wohlbegründete Einwand erhoben, daß eine solche Stilmischung durchaus nicht nur als eine vereinzelte Erscheinung in den würzburgischen Landen anzusehen sei, sondern auch mehrfach anderwärts sich beobachten lasse, zum Beispiel in der Kölner Jesuitenkirche. In neuester Zeit ist man daran gegangen, diese ganze Frage über die Bedeutung Julius Echters für die Kunstgeschichte seiner Zeit einer eingehenden Prüfung und Würdigung zu unterstellen [2]), und wenn auch in einzelnen Punkten die richtige Grenzlinie wohl etwas überschritten wurde, so darf doch das dabei erzielte Ergebnis im großen und ganzen als zutreffend angesehen werden.

Nicht von einem absichtlichen freigewählten Zurückgreifen auf

---

des im Erscheinen begriffenen großen Sammelwerkes „Die Kunstdenkmäler des Königreichs Bayern. Bd. III, Unterfranken" hierfür heranzuziehen.

[1]) So war die Anschauung von A. Niedermayer in seiner „Kunstgeschichte der Stadt Würzburg. Freiburg 1860". Ihm folgte, wenn auch nicht ohne eine gewisse Einschränkung, J. Sighart in seiner „Geschichte der bildenden Künste im Königreich Bayern. München 1862", und in den betreffenden Abschnitten des Werkes „Bavaria. Landes- und Volkskunde des Königreichs Bayern", Bd. IV, Abt. 1.

[2]) In der Schrift von Dr. Rudolf Pfister, Das Würzburger Wohnhaus im XVI. Jahrhundert. Mit einer Abhandlung über den sogenannten Juliusstil. Heidelberg 1915.

Formen der Gotik kann nach jener Untersuchung bei den Julius=
bauten gesprochen werden, es bilden vielmehr die noch länger nach=
winkenden Überlieferungen in dem zunftmäßigen Betrieb der Bau=
hütten das verbindende Mittelglied. Hätte Julius Echter ein be=
wußter Erneuerer mittelalterlicher Formensprache sein wollen, so
würde er wohl kaum da und dort wertvolle Werke der Vorzeit ganz
oder teilweise beseitigt haben, um sie durch Neues zu ersetzen. Immer=
hin bilden die Juliusbauten in ihrer Gesamtheit eine geschlossene
Gruppe innerhalb der gleichzeitigen deutschen Bautätigkeit, eine Masse
von homogenem Charakter. Bei allen Kirchenbauten erscheint sodann
durchgängig nicht der künstlerisch=ästhetische Gesichtspunkt als der an
erster Stelle maßgebende, sondern vielmehr das praktisch Einfache,
eine gewisse Schlichtheit; Zweckbauten, die mit mäßigem Aufwand
hergestellt werden sollten. Eine von einem einheitlichen Willen be=
herrschte, wohldurchdachte Organisation des Bauwesens ist es, die das
hervorstechende Merkmal dabei bildet. Darum bleiben sich auch diese
baulichen Schöpfungen trotz der langen Dauer der Regierung von
Julius in der Hauptsache gleich, zu einer Zeit, da anderwärts leb=
hafteste Bewegung im Bauwesen sich zeigt. Nicht künstlerischer In=
dividualismus, sondern organisatorische Kraft erscheint als der vor=
herrschende Zug. Worin bestand aber der eigentliche Zweck dieser
Organisation? In dem ganzen Regierungssystem Julius Echters, wie
es in den vorausgegangenen Abschnitten in seinen Grundzügen zu
schildern versucht wurde, vor allem in seinen Bemühungen um eine
durchgreifende kirchliche Restauration. Eine aufmerksame Durchsicht
der mit den Überschriften „Bauregister geistlicher Kirchen= Pfarr= und
Schulbeuen im Bistumb Wurtzburg anno 1602 angefangen" und
„Geistliche Mängel" versehenen Bände des Würzburger Ordinariats=
archivs, auf die schon früher gelegentlich verwiesen wurde, gibt den
allerbesten Aufschluß über das Bemühen des Fürstbischofs, den ver=
schiedenartigen Mängeln und Gebrechen, besonders bei kirchlichen
Bauten, in einer möglichst umfassenden systematischen Weise Abhilfe
zu verschaffen; das wiederherzustellende Kirchenwesen sollte auch in
seinen äußeren Formen eine praktische und würdige Gestaltung be=
kommen; darum, wo es notwendig erscheinen mußte, Neubauten, in
der überwiegenden Zahl der Fälle aber bauliche Veränderungen in
verschiedenster Gestalt. Beläuft sich doch die Zahl der also berück=
sichtigten Kirchenbauten auf ungefähr dreihundert! Die Erneuerung

der Türme nach einem ganz bestimmten Schema spielte dabei, wie am Eingang schon bemerkt wurde, eine große Rolle. Zur Erweckung des religiösen Sinnes im Volke sollte vor allem der verwahrloste Zustand der altehrwürdigen Würzburger Kathedrale verbessert werden; in einem eindringlichen Schreiben hatte Julius im Jahre 1599 diese Mahnung dem Domkapitel ans Herz gelegt, und er ging dann selbst mit aller Energie dabei ans Werk. Die Wölbung des Mittelschiffs im Langhaus und des Querschiffs ist vor allem auf dieses Eingreifen zurückzuführen. Auch den Klosterkirchen wandte er seine Aufmerksamkeit zu, wie die umfangreichen Umbauten zu Unterzell, Tückelhausen und Dettelbach und das Franziskanerkloster zu Würzburg bezeugen.

Aber auch Bauwerken anderen Charakters kam diese organisatorische Fürsorge zugute, so den Pfarrhäusern, den Spitalbauten, den Rathäusern, zum Beispiel in Gemünden und Sulzfeld a. M. Das von der Familie von Grumbach erworbene Schloß zu Rimpar wurde zu einem fürstlichen Sommersitz umgestaltet, wovon die feine Renaissanceausstattung von zwei Sälen und der mächtige Turm an der Südostecke noch Zeugnis geben. Vor allem auch das Schloß Marienberg in seiner Doppelbestimmung als Fürstensitz und Hauptfestung des Landes verdankt ihm wesentliche Teile seines späteren Bestandes, besonders da ein großes Brandunglück im Jahre 1600 umfassende Erneuerungen notwendig gemacht hatte, unter anderem an den Türmen und an der Kirche, während mehrere Jahre später, 1606, zur Verstärkung der Festung die starke Echtersche Vorburg mit dem auf dem Umschlag abgebildeten St. Michaelsportal erstand. Fortifikatorische Pläne von noch weit größerem Umfang, mit denen sich Julius getragen hatte, wurden allerdings durch den Widerstand der Landstände vereitelt.

In jener neuen Untersuchung über den sogenannten Juliusstil von R. Pfister, auf die vorhin verwiesen wurde, erscheint das Ergebnis dahin zusammengefaßt, Julius sei ein großer Organisator gewesen, dem das Hochstift Würzburg und der Katholizismus unendlich viel, die deutsche Baukunst aber nichts verdanke. Zweifellos hat der Grundgedanke dieses Urteils im Sinne der hier kurz wiedergegebenen Ausführungen viel Wahres in sich, allein in seinem letzten Teile geht es in einer so scharf zugespitzten Fassung doch etwas zu weit. Schon in den bisher ganz kurz besprochenen Bauten findet sich manches, was doch auch nach der kunstgeschichtlichen Seite hin Beachtung verdient, so die Dettelbacher Klosterkirche mit ihrem prächtigen Portal und dem von reicher Künstlerphantasie zeugenden Maßwerk der Fenster, die großartigen Altarwerke in Frickenhausen und in Ochsenfurt — letzteres leider in neuerer Zeit durch eine Restauration ganz zerstört — und so manches andere. Vor allem aber gilt dies von jenen Bauten, die mit den großen Hauptschöpfungen Julius Echters, mit seinem Spital und seiner Universität in Zusammenhang stehen. Von dem ursprünglichen Juliushospitalbau können wir uns ja allerdings nur noch mit Hilfe alter Abbildungen eine gewisse Vorstellung machen; eine schwere Feuersbrunst im Jahre 1699 machte im Verlaufe des achtzehnten Jahrhunderts große Erneuerungsbauten notwendig. Um so eindrucksvoller steht dafür heute noch der alte Universitätsbau vor unseren Augen als das zweifellos hervorragendste Baudenkmal der Juliuszeit, eine Schöpfung des von Julius aus Mainz berufenen Georg Robin, der dann noch mehrfach in seinen Diensten beschäftigt wurde. Schon deswegen verdient dieses Gebäude besondere Beachtung, weil wir in ihm den ersten nach einheitlichem Plan aus einem Guß entstandenen deutschen Universitätsbau zu erblicken haben[1]); in der Hauptsache ein Renaissancebau mit seinen Portalen und malerischen Giebeln, bedeutend in der Entfaltung und Beherrschung imposanter Massenverhältnisse. Welche stimmungsvolle Weihe waltet doch über dem Innenhof, den man nur leider in neuerer Zeit seines Springbrunnens beraubt hat, und von welcher Pracht muß die alte Aula in ihrer ursprünglichen Ausstattung gewesen sein! Dazu dann noch die bereits 1591 unter großem Pomp eingeweihte mächtige Kirche, mit der reichen, malerisch wirkenden Gruppierung des Innenraums, in deren Mitte ja das Herz des Stifters seine letzte Ruhestätte finden sollte. Als eines der hervorragendsten Denkmäler der deutschen Renaissance glaubt Dr. Mader diesen Sakralbau bezeichnen zu sollen[2]) und weist mit Recht darauf hin, wie in diesem Universitätsbau Julius Echters die erstmalige Lösung eines Programms, das der vorausgegangenen Zeit fremd war, mit imponierender Sicherheit gelungen sei; eine Schöpfung, in der Würde und Ernst, vornehme Gediegenheit und Harmonie mit dem Zweck, in glücklicher Mitte zwischen einem nüchternen Nutzbau und einer Prachtschöpfung gehalten, sich verbunden

---

[1]) S. Kunstdenkmäler des Königreichs Bayern. Unterfranken. Stadt Würzburg. S. 499.
[2]) Kunstdenkmäler a. a. O. S. 514.

zeigen. Die inzwischen leider verschwundene äußere Bemalung würde das Ganze sicher noch wirkungsvoller vor uns erscheinen lassen.

Wird das alles in seiner Gesamtheit gewürdigt, so muß man auf der einen Seite es aufgeben, von einem eigenen Juliusstil zu reden; allein wenn Niedermayer, der diesen neuen Begriff hatte einführen wollen, Julius als den gewaltigsten Bauherrn im Frankenlande bezeichnet, so wird eine derartige Beurteilung kaum als unzutreffend erscheinen können. Erstaunlich ist bei einem so vielseitigen Bauen, besonders wo es sich um die Lösung großer Aufgaben handelte, die durchgängig sehr geringe Bauzeit; wurde doch der Universitätsbau, abgesehen von der Kirche, in zwei Jahren bewältigt, so daß Pfister mit gutem Grund daraus einen Rückschluß auf treffliche Organisation des damaligen Bauwesens zieht. Eine gewisse Ungeduld, wie sie solchen fürstlichen Bauherren häufig eignet, mag gerade hier vielfach mitgewirkt und dabei freilich auch manche Schattenseite in bezug auf Gründlichkeit der Anlage mitverschuldet haben, wie es besonders bei der Universitätskirche der Fall gewesen zu sein scheint, die schon so frühzeitig erhebliche Mängel aufzuweisen hatte.

Daß ein so rühriges vielseitiges Bauen von seiten des Landesherrn auch auf das private Bauwesen nicht ohne eine gewisse Rückwirkung blieb, mag noch kurz betont werden. Künstlerische Kräfte, die man aus Nürnberg herangezogen hatte, dürften wohl bei einer damals entstandenen Gruppe bedeutenderer derartiger Gebäude mit schönen Erkern nicht ohne einen bestimmenden Einfluß gewesen sein[1]).

Bei einer so umfassenden Bautätigkeit erwuchsen auch für die Plastik unwillkürlich mancherlei Aufgaben. Michael Kern, wohl die bedeutendste Künstlerpersönlichkeit im damaligen Würzburg, trotz der Verschiedenheit des religiösen Bekenntnisses von Julius vielfach verwendet, ist hier an erster Stelle zu nennen[2]); weiterhin der ähnlich wie Kern aus einer mehrgliedrigen begabten Künstlerfamilie hervorgegangene Zacharias Junker und die Mainzer Künstler Georg Robin und Peter Ost, dieser letztere wahrscheinlich Urheber jenes so fein anmutenden Grabdenkmals, das Julius im südlichen Seitenschiff des Doms seinem frühverstorbenen Bruder Sebastian errichten ließ.

---

[1]) Dr. R. Pfister a. a. O. S. 49.
[2]) Vergleiche hierzu die neue Monographie von G. Gradmann, Die Monumentalwerke der Bildhauerfamilie Kern. (Heft 198 der Studien zur deutschen Kunstgeschichte.) Straßburg 1917.

Auch ein Zweig der Kleinkunst hat damals in Würzburg eine fühlbare Einwirkung erfahren. Es müßte auffällig erscheinen, wenn eine die fürstliche Machtvollkommenheit so stark betonende Natur wie Julius Echter nicht das Hoheitsrecht der Münzprägung in ausgiebiger Weise betätigt hätte. War ja doch Würzburg unter allen geistlichen Fürstentümern des alten Reiches das prägeeifrigste zu nennen. Da bildet es nun eine augenfällige Erscheinung, wie nach ziemlich mageren Perioden, die im Verlaufe des sechzehnten Jahrhunderts wiederholt hierin eingetreten waren, gerade die Juliuszeit glänzend vertreten erscheint durch künstlerisch ausgeführte Porträtmedaillen, wie durch Silbertaler und Goldgulden. Dabei verdient noch hervorgehoben zu werden, wie zwei besonders beachtenswerte Prägungen, die dann bei jeder der folgenden Regierungen regelmäßig wiederkehren, damals ihren Anfang genommen haben. Es waren das die von seiten der Stadt Würzburg hergestellten Goldgulden, mit denen die Fürstbischöfe und dann später deren Rechtsnachfolger zu Neujahr beschenkt zu werden pflegten, und weiterhin die sogenannten Sterbemünzen, die das Domkapitel prägen und bei den Leichenfeierlichkeiten der Fürstbischöfe an die anwesenden Trauergäste austeilen ließ[1]).

IX.

Persönliches.

Das Bild eines ebenso geistesklaren, scharfblickenden, als energischen Fürsten ist uns in Julius Echter nach den vorstehenden Ausführungen entgegengetreten. Bei gelungener Lösung der zwei großen Aufgaben, die beim Regierungsantritt als gleich wichtig und dringend seiner warteten, der Herstellung eines geordneten Staatshaushalts im Hochstift und der Durchführung der kirchlichen Restauration, läßt sich kaum sagen, wo eigentlich der Schwerpunkt seines Lebenswerkes zu suchen sei; mit richtiger Erkenntnis von der Wichtigkeit und Bedeutung dieser beiden Aufgaben und ihres vielseitigen inneren Zusammenhangs hat er sie durchzuführen gewußt. Bei der hervorragenden Anlage, die er

---

[1]) Vergleiche hierzu G. H. Lochner, Würzburger Neujahrsgoldgulden, in dem Festbuch „Hundert Jahre bayerisch". Würzburg 1914. S. 40 ff. und: Dr. J. G. Keller, Die Begräbnißmünzen der Regenten von Würzburg. (Archiv des Historischen Vereins von Unterfranken und Aschaffenburg. Bd. VI, Heft 2. S. 33 ff.)

gerade für die Aufgaben der Territorialverwaltung besaß, hat er in richtiger Würdigung seiner Doppelstellung nie das Bischofsamt irgendwie aus dem Auge verloren. Der große durchgreifende Erfolg, der ihm mit seiner Gegenreformation gelang, war wohl durch eine Energie, die keine Rücksicht gelten ließ, erzielt worden, aber doch vor allem dadurch, daß er, von der festesten inneren Überzeugung für die von ihm vertretene Sache erfüllt, überall als leuchtendes Beispiel mit wirklichem eigenen Berufseifer voranging, in einer Weise, wie man es wohl seit langem nicht mehr erlebt hatte. Aus den wiederholt angeführten Kalendereinträgen Jakob Röders läßt sich deutlich ersehen, welcher Eindruck damit gerade in bürgerlichen Kreisen erzielt worden ist. Dem zuvor so schwer bedrohten geistlichen Fürstentum hat er auf solche Weise gewissermaßen eine nochmalige Lebensberechtigung verschafft.

Bei all seiner vorsichtigen Zurückhaltung und strengen Ordnung in der staatlichen Finanzverwaltung war Julius Echter, wo es galt, seine fürstliche Stellung zur Geltung zu bringen, auch einem entsprechenden fürstlichen Aufwand nicht abgeneigt. Seine Fürstenburg auf dem Marienberg, die er schon anfangs mit aller Sorgfalt hatte herstellen und einrichten lassen, erstand nach dem großen Brandunglück des Jahres 1600 nur in gesteigerter Pracht aufs neue. Auserlesene Bücherschätze, köstliche Kleinodien und Altertümer waren in diesen echt fürstlichen Räumen geborgen, und wohl nicht ohne ein Gefühl der Genugtuung über solche Errungenschaften hat er Besuchern diese Kostbarkeiten gezeigt. Gastfreiheit galt in hohem Grade; es wird eigens hervorgehoben, wie bei seinen Vorfahren seit vielen Jahren nicht so zahlreiche fürstliche Gäste aufgenommen worden seien[1]). Tage besonderen Glanzes müssen es gewesen sein, als 1612 Kaiser Matthias auf der Hin- und Rückreise zur Wahl und Krönung in Frankfurt a. M. mit seinem ganzen Gefolge Einkehr hielt, wobei das Zusammentreffen mit dem Feste der Frankenapostel für diesen Besuch noch einen besonders feierlichen Hintergrund abgab. Auch die Einweihungsfeier der Universitätskirche 1591 hatte durch die Teilnahme fürstlicher Gäste erhöhten Glanz erhalten; vor allem der mit Julius so intim befreundete Herzog Wilhelm der Fünfte von Bayern hatte sich mit seiner Familie, darunter der Erbprinz Maximilian, eingefunden und wurde

---

[1]) Gropp, a. a. O. III, S. 350.

auf dem Rückwege von dem fürstlichen Gastgeber noch bis zum Wallfahrtsorte Dettelbach geleitet. Nicht minder verstand es Julius, beim Besuch von Reichstagen oder bei Ausführung kaiserlicher Kommissorien mit allem seiner fürstlichen Stellung entsprechenden Gepränge aufzutreten.

Ausgeprägter Familiensinn bildete bei Julius Echter einen hervorstechenden Charakterzug. Man darf daraus wohl einen Rückschluß ziehen auf die gediegenen häuslichen Verhältnisse, die seine Jugendzeit umgaben. Seiner Mutter Gertraud, einer geborenen von Adelsheim, die bei einer verheirateten Tochter in Wiesentheid gestorben war, hat er von dort über Würzburg zu dem Erbbegräbnis der Familie in der Kirche zu Hessenthal das Geleite gegeben und dort jenes bekannte große Grabdenkmal errichten lassen, das die ganze Familie in ihren verschiedenen Mitgliedern, darunter ihn selbst, zu figürlicher Darstellung bringt. Andererseits mag vielleicht auch viele Gegnerschaft, wie er sie da und dort und gerade auch in ihm sonst nahestehenden Kreisen fand, ihn mit seinen Herzensneigungen nur um so mehr dorthin gelenkt haben. In seinen reich beanlagten Brüdern Sebastian und Dietrich mochte er wohl auch wertvolle Stützen für die Regierungsgeschäfte zu gewinnen hoffen. Um so schmerzlicher traf ihn jedenfalls der frühe Tod des als „decus nobilitatis Franconiae" bezeichneten Sebastian im Jahre 1575. Aber auch der ihm ebenfalls sehr nahestehende Dietrich schied bereits 1601 aus dem Leben, 1594 seine an Hans Fuchs von Dornheim verheiratete Lieblingsschwester Magdalena, 1609 sein Neffe, der junge Domherr Julius Ludwig. Es ist auch bezeichnend, daß eine in möglichst fürstlicher Weise veranstaltete Vermählungsfeier für einen Neffen und eine Nichte den Ausgangspunkt für sein eigenes Lebensende bilden sollte. Von dem gerade in derartigen Kreisen so viel vertretenen Nepotismus konnte man bei diesem ganzen Verhältnis trotzdem nicht sprechen, jedenfalls nicht in irgendeiner Weise, die begründeten Anstoß hätte erregen können. Vorwürfe sind ihm freilich auch in dieser Richtung von gegnerischer Seite nicht erspart geblieben.

Der hochgradigen Geisteskraft entsprach bei Julius eine ausdauernde körperliche Rüstigkeit; bildete doch die Jagd für ihn eine beliebte Übung. Als er bereits im Alter von 64 Jahren stand, konnte der in florentinischen Diensten stehende Daniel Eremita gelegentlich eines Besuches auf dem Marienberge das Fehlen von Runzeln und von er-

grautem Haar bei ihm feststellen. Später machten sich allerdings
gichtische Beschwerden fühlbar, und die Sektion erwies ein erhebliches
Steinleiden. Die letzte, tödliche Erkrankung verlief rasch, aber nicht
ohne daß Julius mit größter Fassung und Umsicht noch alle Vor=
kehrungen zum Scheiden aus diesem Leben hatte treffen können. Am
13. September 1617 ist das für die fränkischen Lande so bedeutsame
Ereignis eingetreten.

Vielfach überliefert ist uns das Bild von Julius Echters äußerer
Erscheinung[1]). Zunächst einmal in zahlreichen Ölgemälden, von denen
die meisten allerdings einen ganz bestimmten Typus aufweisen; sie
stellen ihn im höheren Lebensalter dar, offenbar vielfach für Amts=
räume und ähnliche Zwecke bestimmt. Als eine sehr interessante be=
achtenswerte Abweichung stellt sich das dieser Schrift beigegebene
Porträt dar, dessen Original sich im kunstgeschichtlichen Museum unserer
Würzburger Universität befindet. Laut Inschrift stammt es aus dem
Jahre 1586; Ernst und Entschlossenheit sprechen aus den lebensvollen
Zügen dieses Mannes, der damals auf der Höhe seines Lebens und
Schaffens stand. Vielleicht noch etwas früher ist eine ebenfalls sehr
interessante Bronzebüste entstanden, die den Fürstbischof mit einer hohen
Mitra darstellt; sie war wohl von Anfang an für das Juliusspital
bestimmt und hat seit 1828 ihre Aufstellung in der Kirche dieser An=
stalt gefunden. Auch auf künstlerisch ausgeführten Medaillen sowie
auf Münzen sind uns seine Gesichtszüge überliefert. Den greisenhaften
Charakter der letzten Lebenszeit führt die an der Wand des südlichen
Seitenschiffs im Dom angebrachte eherne Grabplatte gut vor Augen.
In der Nähe davon an einem Pfeiler befindlich und dem Mittelschiff
zugewendet befindet sich das aus grauem und hellrotem Marmor ge=
fertigte Grabdenkmal mit einer Inschrifttafel aus schwarzem Schiefer.
Es zeigt den Fürstbischof in ganzer Figur. Lange Zeit galt es für
ein Werk von Michael Kern, bis in neuester Zeit diese Urheberschaft
erheblich beanstandet werden wollte[2]). Die Frage darf wohl noch
als eine offene angesehen werden.

Einem alten Brauche gemäß pflegten die Herzen der Würzburger
Fürstbischöfe unter genau vorgeschriebenen Formalitäten nach der Abtei

---

[1]) Man vergleiche hierzu die Ausführungen in den Jahrgängen 1917 und
1918 meiner „Altfränkischen Bilder".

[2]) In der oben angeführten Monographie von G. Gradmann über diese
Künstlerfamilie, S. 113 f.

Ebrach überführt und dort aufbewahrt zu werden. Von dieser Übung abweichend hatte Julius, wie oben schon erwähnt wurde, die Kirche seiner Universität hierfür bestimmt, nicht ohne daß von Ebrach aus nachträglich Protest gegen eine solche Änderung erhoben worden wäre. Eine aus rotem Sandstein gefertigte, mit Alabasterfiguren geschmückte Tumba in der Mitte dieser Kirche barg zunächst das kostbare Vermächtnis. Allein das Schicksal frühzeitigen baulichen Verfalls, wie es gerade über diese Kirche hereinbrach, verbreitete sich auch über jenes Behältnis, so daß bei Wiederherstellung des Baues das in einer Zinnkapsel verwahrte Herz seit 1703 in einem Pfeiler auf der Evangelienseite seine nunmehrige Ruhestätte fand. Eine 1798 erneuerte Inschrifttafel bezeichnet diesen Ort, und in pietätvollem Dankgefühl gegenüber dem Herzen, das einst so voll und so warm für diese seine geistige Tochter geschlagen hatte, ließ 1859 die Universität über der Tafel eine schöne Marmorbüste Julius Echters anbringen, gefertigt von Peter Schöpf, einem begabten Schüler von Thorwaldsen. —

Das Todesjahr Julius Echters 1617 legt unwillkürlich den Gedanken nahe, wie schon im Jahre darauf die gewaltige Katastrophe des Dreißigjährigen Krieges anhob, von der ja gerade auch das Hochstift Würzburg so schwer in seinem Bestande bedroht werden sollte. Daß es diese Gefahr glücklich überstehen und noch bis zum Beginn des übernächsten Jahrhunderts lebensfähig bleiben konnte, ist in erster Linie als die Wirkung der Reformen Julius Echters anzusehen. Wenn auch in der kunstgeschichtlichen Entwicklung jener Zeit, wie oben ausgeführt wurde, von einem eigenen „Juliusstil" nicht geredet werden kann, so darf doch gewiß mit viel mehr Grund gesagt werden, daß unter dem Zeichen dieses hochbedeutenden Herrschernamens sich das ganze weitere Leben dieses fränkischen Territoriums bis zu seinem Aufhören vollzogen hat.

Anhang.

Die Ganzhornsche Chronik und ihre Nachrichten über die Regierung des Fürstbischofs Julius Echter.

Unter den zahlreichen Abschriften, die von der bekannten Würzburger Bischofschronik des Mag. Lorenz Fries angefertigt und zum Teil mit Fortsetzungen versehen sind, ist zweifellos eine der wertvollsten die sogenannte Ganzhornsche Chronik. Wie diese Bezeichnung schon besagt, war sie ehedem Eigentum der Familie Ganzhorn, die gegen Ausgang des fünfzehnten Jahrhunderts von Ochsenfurt nach Würzburg übersiedelte und nun hier zu den vermögendsten und angesehensten Geschlechtern zählte. Durch mehrere Generationen dem Würzburger Stadtrat angehörend, bekleideten Glieder der Familie auch sonst angesehene Ämter in Staat und Kirche und waren auch längere Zeit im Besitze des Sandhofs in der früheren Sandgasse, der jetzigen Schönbornstraße. In diesem Hofe wurde 1541 Johann Wilhelm Ganzhorn geboren, der dem geistlichen Stande sich widmete, ein in Theologie und Rechtswissenschaft gründlich gebildeter Mann, der 1570 Kanoniker im Stifte Neumünster und weiterhin Unterpropst und Dechant wurde. Den der Familie zeitweilig entfremdeten Sandhof erwarb er wieder zurück und ließ ihn gegen Ende des Jahrhunderts derartig neu instand setzen und verschönern, daß er als eines der stattlichsten und glänzendsten Privatgebäude in der Stadt angesehen werden durfte.

Seinem lebhaften Interesse für die Geschichte der engeren Heimat gab Dr. Johann Wilhelm Ganzhorn Ausdruck durch Anlegung einer Chronik, in der Hauptsache bestehend aus einer Abschrift des Lorenz Friesschen Chronikwerkes, das dann entsprechend fortgesetzt werden sollte. Sie besteht aus zwei Foliobänden, deren Ledereinbände auf der Vorderseite das Wappen der Familie zeigen, das innen auf dem ersten Blatte nochmals in Farben wiederholt ist, und darunter:

Joannes Wilhelmus Ganzhorn I. V. Doctor sibi cum posteris suis. Daß diese Chronik ähnlich dem sogenannten Original der Lorenz Friesschen mit in Farben ausgeführten Bildern versehen ist, spricht dafür, daß man bei der Herstellung entsprechende Kosten nicht scheute. Ein Hausbuch im besten Sinne des Wortes wollte dieser Dr. Ganzhorn offenbar damit geschaffen haben, dessen Weiterführung eine Ehrenpflicht für die kommenden Generationen der Familie bilden sollte. Im zweiten Bande ist die Geschichte des Fürstbischofs Melchior von Zobel in etwas eingehenderer Weise behandelt, der Nachfolger Friedrich von Wirsberg dagegen lediglich mit einem ganz kurzen, lateinisch abgefaßten Überblick über seine Regierung, sowie mit Wiedergabe der Inschrift auf seinem Grabdenkmal vertreten, während dann aber von Bl. 230 an Julius Echters Zeit um so eingehender, jedoch nur bis 1582 auf sieben ziemlich eng beschriebenen Blättern behandelt ist, von derselben Hand, die auch schon die früheren Partien der Chronik mit häufigen kurzen Randbemerkungen versehen hatte. Man merkt dieser Darstellung deutlich an, daß sie von einem entschiedenen Anhänger Julius Echters stammt, und Dechant Ganzhorn, der 1609 starb, scheint ja auch ein Mann von Ansehen unter diesem Regiment gewesen zu sein, so daß man nur bedauern kann, die Darstellung nicht weiter fortgesetzt zu sehen.

Unbekannt war diese Ganzhornsche Chronik keineswegs. Früher im Besitz eines bekannten fränkischen Geschichtsfreundes, des Magistratsrates Carl Heffner, kam sie dann in die Bibliothek des Historischen Vereins von Unterfranken und Aschaffenburg. Bei der 1848 durch die Firma Bonitas-Bauer veranstalteten neuhochdeutschen Ausgabe der Friesschen Chronik war sie mitbenützt worden, nur merkwürdigerweise nicht in der letzten, eben die Zeit Julius Echters behandelnden Partie, obwohl doch gerade diese im eigentlichen Sinne zeitgenössische Berichterstattung ganz besonderes Interesse beanspruchen darf. Der frühere Vorstand des hiesigen Kreisarchivs, der leider so frühverstorbene Reichsarchivrat S. Göbl war es, der zuerst auf die Bedeutung gerade dieser letzten Fortsetzung der Chronik aufmerksam machte, und zwar in einem am 25. Februar 1903 im Historischen Verein darüber gehaltenen Vortrag[1]). Eine weitere Folge wurde

---

[1]) In einer kleineren, nicht in den Buchhandel gekommenen Druckschrift zur Geschichte des Sandhofs aus dem Jahre 1898 hatte Göbl allerdings geglaubt,

übrigens auch dieser damaligen Anregung nicht gegeben, so daß nun hier in dieser Schrift zum erstenmal eine Verwertung von mehreren wichtigen Angaben in jener Darstellung erfolgt ist. Vor allem die Nachrichten über Julius Echters Wahl, über die Händel mit Fulda, sowie über gewisse Einzelheiten bei der Eröffnungsfeier der Universität dürfen als sehr interessant und wertvoll angesehen werden. Deshalb habe ich nicht für ungeeignet gehalten, die Berichte dieser Chronik über die zwei letzteren Vorgänge hier dem Wortlaute nach wiederzugeben.

A.
Bischoff Julius zu Wyrtzburgk wurdt Administrator des St. Fulda Anno 1576.

„Nachdem in anno 1576 zwischen herrn Balthasarn des geschlechts von Dernbach abbtten des stieffts Fulda, seinem capitull vnd rietterschafft in der Buechhen der zeitt streidtt vnd schwere controversiae sich zugetragen, also das alles schwirig vnd wider den abbt vnd seinen anhange gleich in armis gewesen, alß haben die fuldische herrn capitularen vnd furnembste von der ritterschafft der endtts zu mehremalls bey Wyrzburgk vmb schutze wider iren praesumptuosum vnd wider alle recht handttletten herrn irem angeben nach angesucht. vnd ob woll man sich frömbtter hendel nichtt annemmen wöllen, jedoch hatt man lezlichen mitt vorwiessen vnd rath ettlicher benachttbartten fursten solchem stiefft Fulda zu succurriren vnd deß schweren vnd weith außsehenden vbells sich anzunemmen vnd demselben vorzukommen kein vmbgange haben konnen, vnd hat herauffer vnd zu dem endtt herr bischoff Juliuß zu Wyrzpurgk sich mitt sibenzig pfeerdtt off montags den 25. junii nach Hamelburgk verfueget, an welchem orth obgemelter abbtt Balthasar mitt den seinigen albereitt gewesen. Und alß man andern tagß frue off dem rathhauß zu Hamelburg zusammenkommen, haben ansencklichen die Fuldische capitularn vnd der außschuß von der rietterschafft vnd landtschafft ire beschwerden wider herrn abbtten

---

nicht jenem Stiftsdechant Johann Wilhelm Ganzhorn, sondern einem gleichnamigen Vetter, einem Nichtkleriker, die Urheberschaft an der Chronik zuweisen zu sollen. Allein in jenem Vortrag und einem darüber erschienenen Bericht in Nr. 46 des „Würzburger General=Anzeigers" vom 26. Februar 1903, dem offenbar eine Aufschreibung von Göbl selbst zugrunde lag, wurde diese Meinung in der oben angegebenen Weise richtiggestellt.

der lengs nach fuerpringen laßen, vff welche eingefuertte beschwerden herr abbtt sein verantwortung durch sein canzlern thun laßen, welche die besagte capitulares vnd rietterschafft neben denen abgeordttnetten von der landttschafft nichtt annemmen, sondern einen coadjutorem haben wollen, sonderlichen weill der abbtt seher jung vnd sich durch die Jesuiter regiren vnd ander leuth verfueren liese, dardurch sie vmb ire alte freyheit vnd gerechtigkeitt gebrachtt wurden. Vnd obwoll bischof Juliuß alß ein erforderter nachbar den herrn abbtten mitt seinen capitularn, ritterschafft vnd landttschafftt zu vergleichen sich mitt vleiß vnderstanden, so hatt jedoch solches nichtt beschehen wollen, sondern die Fuldische capitularn, rietter vnd landttschaffts abgeordttnette sich lautter vernemmen laßen, dahe der bischof von Whyrzpurgk die administration des st. Fulda nicht annemmen wolte, weren sie bedachtt, denn stiefft Fulda dem landttgrauen von Heßen alls einem nachbauren zu vbergeben, welcher sie irer privilegien halber wider den abbtt zu Fulda wol schüzen wurdtt. Vnd nachdem der abbtt vnd sein canzler vnd reth gesehen, das sie nichtts erhalten wurden vnd nichtt allein dem abbtt ein leibsgefhar darauser entstehen, sondern auch der stiefft Fulda vnder Heßen komen möchtt, alls hatt lezlichen der abbtt selbsten neben seinen rethen bischoff Juliußen angesprochhen vnd gebetten, das er dem stiefft Fulda zum besten sich deßen administration annemmen vnd ime ein jherliches deputat an getreidtt, wein vnd geltt neben einraumung des schloß Bibersteins zu seiner wonung vbergeben wollt, welches bischof Juliuß lezlichen sowoll vff des herrn abbtts, seines capitulls, der ritter vnd landttschafft vleißiges ersuchen bewilliget. Darauffer strackhs die verwaysbriue vnd andere offene außschreiben in originali mit des herrn abbtts eigener handtt vnderschrieben verserttiget, auch er herr abbtt neben seinen rethen seine vnderthanen selbst irer eidtt vnd pflichtt, mitt dem sie ime alls einem abbtt zu Fulda zugethan, erloßen vnd mitt denselben an bischoff zu Whyrzp. alls administratorn des st. Fulda, so zugleich enttgegen gewesen, angewiesen, welche dan neben den capitularn vnd denen von der rietterschafft alßobalden gewonliche pflicht geleist habenn. Herauffer der abbtt sich vff das schloß Biberstein begeben vnd seine reth zu sich dahien genomen. Der bischoff aber ist nach Whyrzpurgk gereisett vnd einen capitul- vnd dhomherrn nach Fulda alls stathaltter geschieckt, der an seiner des bischoffs stadtt alles regiret vnd gehandtlet hatt. Vnd alls gleich damalls ein reichstage zu Regenspurgk gehaltten wardtt, vff welchem kanſer Maximilian, Rudolffus romiſcher konig neben den churfuerſten weren, haben des obbeſagtten abbtten von Fulda gebruedere neben dem canzler Winckhelman genandtt doctori Landauo mitt großer beſchwertten irer kan. Man. vnd den chur vnd furſten des reichs die gewaltettigſte endttſezung des abbtts zu Fulda ires landttfurſtens vnd biſchoff Juliußen von Wyrzpurgks tettlicher vnderzogener adminiſtration des ſtieffts Fulda geclaget vnd fuerprachtt. Herauffer des biſchoffs von Wyrzpurgks anweſende geſantte vnd reth zu Regensburgk iren herrn ſo woll muenottlich alls ſchrifftlichen entſchuldiget, das ſolche angenomene Fuldiſche adminiſtration dem ſtiefft Fulda zum beſten gemeinet vnd von herrn abbtt ſelbſten nichtt allein guthgeheißen, ſondern von ime auch der biſchoff von Wyrzpurgk ſolche adminiſtration ime zum beſten anzunemmen gebetten worden, welche erbiettung vnd beſchehene ceſſion die Fuldiſche rethe geſtanden, aber fuergeben, das der abbtt nichtt libera voluntate sed per metum et uim zu ſolcher ceßion getrieben worden vnd derwegen reſtitution begerett. Vnd obwoll biſchoff Juliuß ſelbſten vff den reichstage nach Regenspurgk verreißen vnd ſich in der perſon bey irer kan. Man. vnd andern chuer- vnd furſten der freywilligen vffgetragener vnd vbergebener adminiſtration des ſtieffts Fulda halber vnderthenigſt enttſchuldigen wollen, ſo iſt jedoch ſolches auß vielen erheblichen vrſachen verplieben vnd eingeſtellet worden."

B.
Zu Wyr[z]burgk wurdt ein neue vniuerſitet vffgericht. Anno 1582.

"Nachdem biſchoff Juliuß bey babſtlicher heiligkeit Gregorio 13. vnd bey kan. Man. Rudolffo secundo nach langen vnderthenigſten anhaltten vnd vielen vffgewanten koſten priuilegia super vniuersitate erigenda in diocesi sua genedigſt erlanget, hat er ad solenniter intro ducendam vniuersitatem suam dienstags den andern januarii anno 1582 conſtituirt vnd darzu in templo Franciscanorum mitten in der kirchen ettliche ſeſſiones vnd geſtuel vffgeſchlagen, auch die kirchen mit ſchoenen tapezereien behenckhen laſſen. Vnd haben ſich herauffer Jre f. Genaden vff ſolchen 2. januarii zu acht vhren zu beſagtter Franciscanerkirchen verfuegt vnd mitt inen einen f. beyriſchen geſantten neben dem abbtten zu S. Steffan, abbtten zu

Schwarzach, abbtten zu Theres, abbtten zu Brombach, abbtten zu Zell vnd einer großen nobilitet gebracht. Vnd ist von den herrn des dhomcapituls allein herr Wilhelm Milchling dhomscholaster bey dießem herrlichen actu gewesen. Der herr dhomdechant der zeitt vnd andere capitularherrn seindtt zu frue auß der stadt gereißett vnd mitt vleiß nicht bey der introduction solger vniuersitet sein wöllen, da sie bey innen darfuer gehaltten, das die angestelltte vniuersität keinen bestandt haben köntte; welche affectatam absentiam sein f. G. sich nichts irren laßen, sondern die angestelltte introduction anzusahen beuelh gethan. Darauffer reverendus dominus pater Georgius Hallenius s. s. theologiae doctor Jesuita ein herrliche oration in laudem vniuersalis studii et reuerendißimi Julii patris patriae pium et laudabilem insti¹) ... conatum erga ecclesiam et bonas literas gehabtt, so bey einer ganzen stundtt gewert. Dff solches hatt ex cathedra, so sonderbar darzu vffgemachtt gewesen, rev. pater Franciscus Rapedius rector Jesuitarum die sigilirte originalpriuilegia menigklichen, der beygewesen¹) ... ist fuergezeigett, die sigilla ettliche bestelltte notarios recognosciren laßen vnd alsobalden öffentlich die= selben verlesen vnd promulgirt worden, deren inhalt vngeuerlich ist, das solche wyr[z]purgische vniuersitet gleichmeßige priuilegia vni- uersitatis parisiensis, Coloniensis, Louaniensis et Ingelstadiensis haben vnd die altte voriger vniuersitet vom babst Bonifacio den neunten anno 1402 gegebene priuilegien confirmirt sein solltten. Dar= auffer das Te Deum laudamus mitt stattlicher music gesungen worden. Vnd haben Jre f. G. pro felici succeßu vniuersitatis suae alsobalden im chor solches closters selbsten das sacrum gehalten, welches durch Jre cantores solenniter figurirt worden. Dff solches ist bey den patribus societatis in der vndern stuben ein stattliches prandium angestelt worden, darbey reuerendißimi, die bayrische ge= santte, anwesende äbbtt, praecipui ex clero verblieben. Andern tags den 3. Januarii seindtt Jre f. G. widerumen zu 9 vhrn herraber zum Jesuiten kommen. Aldaher hatt reuerendus pater Franciscus Corsterus s. s. theologiae doctor et prouincialis societatis in maiori aula de modo instituendi vniuersitatem gehalten. Qua finita ist in decanum facultatis theologiae von den theologiae anwesenden doctorn erwöllet worden reuerendißimus suffraganeus dominus Antonius Reschius s. s. theologiae doctor ordinis

¹) Unleserliche Stelle.

Dominicanorum. von den doctoribus jurisprudentiae reuerendus dominus Vittus Crebserus. I. V. D. cancellarius principis et canonicus ecclesiae Nouimonasterii zum decano juridicae facultatis benent worden, vnd weill er canzler mitt Jrer f. G. tegglichen canzlei vnd landttgescefften zu thun vnd der vniuersitet nicht abwarten könth, alß ist damals zugleich in primum decanum jurisprudentiae rev. dominus Joannes Wilhelmus Ganzhorn I. V. D. canonicus ecclesiae Nouimonasterii substituirt worden, wie dan auch damalls praesentes medicinae doctores pro primo decano medicae facultatis revdum Jonam Adelwertum vtriusque medicinae doctorem elegirt haben. So haben damalls die anwesende magistri liberalium artium herrn Micheln Suppan dechanten zu Haug philosophiae magistrum zu einem decano philosophiae erwöllet, vnd jedem decano, alls theologiae decano epomys¹) nigra, decano jurium rubra epomys, decano medicinae cerulex, decano artium subnigra vff die schulttern ad humeros gelegt worden, welche neben denen, so ad facultates admittirt vnd eingeschrieben worden, ad matriculam vniuersitatis das inen furgezeigte jurament geleist haben. Darauffer die vier decani vnd die zue jeder facultet eingeschrieben worden, sich ad electionem rectoris zusammen gethann vnd unanimi consensu reuerendißimum episcopum Julium pro primo rectore suae erectae vniuersitatis elegirt, welcher solche election genedig angenomen, auch epomydem auream ad humeros vmbbinden laßen. Darauffer man ad templum Jesuitarum praecedente nouo rectore et subsequentibus omnibus facultatibus gangen, daselbsten Te Deum laudamus gesungen. Quo finito haben Jre f. G. mitt ettlich wenig personen mitt den patribus zu morgen geßen vnd hora prima widerumen nach hoff gefharen. Vnd hatt man anfang vnd in mittelst, bieß der iezige große vnd herrliche vniuersitet baühe verfertiget, theologiam apud patres societatis gelesen, vnd herr doctor Jacobus Dydimus canonicus ecclesiae Nouimonasterii jnstitutiones juris vff dem Bruderhoff profitirt²), vnd die iherliche election rectoris vnd promotiones doctorum in dem Barfußer-Closter verricht.

¹) epomys = Schultergewand, Kragen.
²) Auch diese anderwärts sich nicht findenden Angaben sind sehr beachtenswert.

Printed by Libri Plureos GmbH
in Hamburg, Germany